ビジネスパーソンのための
教養としての
世界3大宗教

THE THREE GREAT RELIGIONS
OF THE WORLD

中村圭志
Keishi Nakamura

Discover

はじめに
Introduction

　本書は、世界の重要な宗教であるキリスト教とイスラム教、そして日本文化を深いところで支え続けている仏教について、教理のポイントと大まかな歴史をざっくり整理した、宗教入門ガイドである。
　「信仰」のガイドではない。信仰よりも広い視点で、客観的に眺めたニュートラルなガイドブックである。

　宗教について教養として知っておくことには、次のような利点がある。
　第一に、国際ニュースの理解に役立つ。欧米や中東では社会活動や政治のレベルで宗教が存在感を示している。選挙に影響も与えているし、過激派の活動もある。
　第二に、ビジネスの会話の席で、観光旅行で、あるいは職場の外国人の生活習慣を理解する上で、宗教の知識が役に立つ。自分自身が「無宗教」であったとしても、文化的背景としての宗教の違いを知っておくことは大事だ。
　第三に、宗教について知ることは——ここが大事なところだが——知的に面白い。抜群に面白い。
　UFOに乗ってやってきた宇宙人が地球人類の思考について知ろうとするときには、最先端科学と並んで、もう一つ、宗教を研究するに違いない。宗教は人間の想像力の粋だからである。たとえば「救い」とか「死後」とか「悟り」とか「復活」とかいう宗教的概念は、人間ののっぴきならない状況の中で生まれたものだ。そんな概念をめぐる神話的想像力がつまらないものであるはずがない。

そもそも人類の歴史の大半は、宗教の歴史であると言っても過言ではない。世界を文化圏に分けるときも、キリスト教とか、イスラム教とか、宗教が指標となる。それくらい、宗教は文化の歴史に深く食い込んでいるのだ。
　文化と思想への知的関心として宗教にアプローチしましょうというのは、宗教といえば神を信じるとか信じないとか、奇跡はあるとかないとか、そういう一か〇かの信念や命題の問題だと思っている人にとっては、多少とも毒消しになる姿勢であるかもしれない。
　宗教を狭い意味での個人的信念――信仰――の問題だと思っている限り、「私は神は信じないので、宗教の話はパス！」というところで終わってしまう。それはひどくもったいないことなのである。
　熱心な信者といえども、内心では神様との格闘をしているのである。あるときは神はあると思う。あるときは神の存在が信じられなくなる。たとえば、『ハリー・ポッター』の作者Ｊ・Ｋ・ローリングは、そういう意味でのキリスト教信者であるという。
　だからあなたにとって神様なんか信じられないとしても、信者の思考との距離は思いのほか小さい、と考えていい。
　イスラム教徒を含めて、多くの信者にとって、宗教とはとりあえず礼拝などの生活習慣である。あなたも、正月に神社仏閣に初詣に出かけて無病息災を願ったならば、立派な「信者」なのだ。
　信仰にこだわらずに、宗教について知的に楽しんでほし

いというのは、こういう意味からでもある。そしてそういう知的な余裕、知的な遊びが、あなたの生活やビジネスを豊かなものにするだろう。

　宗教のガイドブックはいろいろあるが、あるものは難しい漢語を並べ、あるものは信仰への勧誘の色彩が濃く、あるものは書き方があまり論理的ではない。
　本書では、信仰的立場からは距離を置いて、筆者自身の視点を定め、なるべく論理的に解説するように努めた。そしてチャートを多用した。
　「そもそも何が問題なのか」「なぜこのようなロジックになるのか」「何と何がどのようなつながりをもっているのか」を浮き彫りにするよう努めたのである。

2019年2月
中村圭志

目次
CONTENTS

はじめに _____ 3

第1章 仏教 Buddhism

1 仏教とはどんな宗教か？ _____ 10
2 仏教はどのように発展していったのか？ _____ 13
3 開祖シャカは
　老・病・死を脱するために修行を始めた _____ 16
4 初期仏教は修行によって煩悩から脱する
　「すごろく式」のわかりやすいシステム _____ 19
5 大乗仏教は立体的な構造のゲームになった _____ 22
6 信仰のふたつの形　法華信仰と浄土信仰 _____ 25
7 煩悩から悟りへ向かうゲーム _____ 28
8 初期仏教の大原則「四諦」と「八正道」 _____ 31
9 輪廻から抜け出ることが目標 _____ 34
10 大乗仏教は東アジアに伝わって発展した _____ 37
11 初期仏教と違う大乗仏教 _____ 40
12 大乗仏教は実践重視。
　目標は実社会で役立つ「六波羅蜜」 _____ 43
13 ひとりのブッダからおおぜいのブッダへ _____ 46
14 大乗仏教には「菩薩」という
　神のような存在も生まれた _____ 49
15 さまざまな大乗仏典 _____ 52
16 最も短くて日本人に人気の「般若心経」 _____ 55
17 日本仏教にはどんな特徴があるのか？ _____ 58
18 奈良時代に学問として発達した南都六宗 _____ 61
19 空海が中国から持ち帰った密教の宗派 _____ 64
20 地獄行きの不安から
　人々を救った浄土信仰の宗派 _____ 67
21 法華経こそが救いだと説く法華信仰の宗派 _____ 70
22 中国で生まれ、日本の武士に好まれた禅の宗派 __ 73

column ▶ 映画の中の宗教
『リトル・ブッダ』『ブッダ』『釈迦』 _____ 76

第2章 キリスト教 Christianity

1 キリスト教とはどんな宗教か? _____78
2 三つの神が単一の神でもあるという「三位一体説」が特徴 _____81
3 キリスト教の教典は旧約聖書と新約聖書 _____84
4 開祖イエスの伝記「福音書」は四種ある _____87
5 イエスの生誕をめぐる物語 _____90
6 宗教活動を始めたイエス _____93
7 イエス、悪魔の誘惑を退ける _____96
8 イエスの「病気治し」 _____99
9 イエスは金持ちと偽善者に厳しかった _____102
10 イエスの有名な言葉 山上の垂訓から① _____105
11 イエスの有名な言葉 山上の垂訓から② _____108
12 最後の晩餐 _____111
13 受難と復活 _____114
14 新約聖書「使徒言行録」が描くイエスの弟子たちの活躍 _____117
15 「キリストが人類の罪を背負って死んでくれた」という教理 _____120
16 「キリストが死んで復活した」という教理 _____123
17 仏教と比べて理解するキリスト教のシステム _____126
18 重要な儀礼「洗礼」と「聖餐」 _____129
19 最重要年中行事は「クリスマス」と「復活祭」 _____132
20 修行に励みたい人のための「修道会」 _____135
21 古代から続く中東系の諸教会と東方正教会 _____138
22 世界最大の宗教組織ローマカトリック教会 _____141
23 宗教改革で生まれたプロテスタント諸教会 _____144
24 教会の歴史① ローマ帝国の国教となるまで _____147
25 教会の歴史② 中世ヨーロッパと十字軍 _____150

- **26** 教会の歴史③ 宗教改革から始まった近代化 _____ 153
- **27** 教会の歴史④ なぜアメリカは宗教的なのか _____ 156
- **28** 教会の歴史⑤ キリスト教の保守派、
      福音派とファンダメンタリズム _____ 159
- **29** 教会の歴史⑥ 戦国時代と明治時代以降の
      日本への伝道 _____ 162

  column ▶ 映画の中の宗教
  『ジーザス・クライスト＝スーパースター』 _____ 165

第3章 イスラム教 Islam

- **1** イスラム教とはどんな宗教か？ _____ 168
- **2** 開祖ムハンマド、神から啓示を受ける _____ 171
- **3** ムハンマドとイスラム共同体の勝利 _____ 174
- **4** コーランはどのような教典か？ _____ 177
- **5** コーランに示された万人の平等と女性の権利 _____ 180
- **6** コーランは異教徒との戦争を
      積極的に勧めているのか？ _____ 183
- **7** 信仰の篤い人間は楽園へ行くという来世観 _____ 186
- **8** イスラムの歴史① イスラム帝国の発展と宗派分裂 _____ 189
- **9** イスラムの歴史② イスラム神秘主義の展開 _____ 192
- **10** イスラムの歴史③ 繁栄の中世から停滞の近代へ _____ 195
- **11** イスラムの歴史④ 1970年代以降、世界で
      イスラム復興の動きが目立つ _____ 198
- **12** 信じることが義務とされる「六信」 _____ 201
- **13** イスラム教徒の実践項目「五行」 _____ 204
- **14** 世界中から信者がメッカに集まる「巡礼」 _____ 207
- **15** 行動指針を五段階で示すイスラム法 _____ 210

  column ▶ 映画の中の宗教
  『ザ・メッセージ』 _____ 213

  参考文献 _____ 214
  写真出典 _____ 215

第 1 章

仏教
Buddhism

THE THREE GREAT RELIGIONS
OF THE WORLD

Buddhism 1

仏教とは
どんな宗教か？

基本コンセプトは
「修行して優れた人間になる」こと

　　　　仏教の基本コンセプトはたいへん分かりやすい。「修行して優れた人間になる」というものだからである。

　一神教では神を信じるが、この神が誰も会ったことのない存在なので、いったい何を信じるというのかピンと来ないという人も多いだろう。しかし、修行であれば、あくまで人間のやることである。イメージをつかみやすい。

　スポーツの世界も将棋の世界も職人の世界もビジネスの世界も「修行」「修業」の世界だ。日本人は修行のモチーフが大好きで、漫画やアニメやゲームの世界には修行して達人になるといったモチーフがあふれかえっている。

「優れた人間」とは「悟った人間」

　　　　仏教の目標とする「優れた人間」とはどんな存在か？

仏教では、ビジネスとか芸術とか学問とか、何かの能力や技術に優れた人間を目指すのではない。人々への慈悲であるとか、人間の本質についての深い洞察力において優れた人間を目指す。

そのためには自己の欲望を抑える必要がある。無理に抑え込むのではなく、自然に心が湖水のように静まるようにするのだ。つまり「悟る」ことを目指す。

この微妙で難しい修行を完成した人間のことをブッダ（「目覚めた者」）と称する。このブッダはほとんど神のようなスーパーマンであり、事実上、誰も見たことのない存在だ。そういう意味では、仏教もまた、神を求める宗教である。

信仰の対象はブッダや菩薩

そればかりではない。修行者は、大先輩である過去の偉大な僧たちに深く帰依する。さらに、さまざまなブッダや菩薩と呼ばれる神話的な聖者たちを拝する。阿弥陀と呼ばれる神のようなブッダの救済パワーをひたすら信じるという宗派もある。

このような敬虔な気持ちになることで、自己中心の意識から脱却し、安心を得る、悟るのである。

仏教は、コンセプトは単純であるが、実際にやるとなると、際限なく奥が深いのである。

世俗の修行・修業

修行・修業 は日本人の大好きなモチーフ

修行して ⟶ 優れた人間になる

> スポーツでも　職人の技でも　ビジネスでも　漫画やゲームでも
> いずれも世俗の技能や能力の達人をめざしている

BUT
（仏教では……）

修行して ⟶ 優れた人間になる

＝

自己の欲望を鎮め
人格を磨く

- 座禅
- 奉仕
- ブッダを拝む

神を礼拝するキリスト教や
イスラム教の信仰に
似たところがある

＝

究極の人間

ブッダ

神話的な目標
無限の転生の果てのゴール

Buddhism 2

歴史①
仏教はどのように発展していったのか?

森の生態系のような多様性に富んだ宗教

仏教の歴史は長い。開祖の釈迦は2500年前、すなわち紀元前5世紀頃の人であり、キリスト（2000年前）やイスラム教の開祖ムハンマド（1300年前）よりもはるかに古い。

この古い宗教が、インドや東アジアの宗教文化を取り込み、さまざまな教理を派生させたので、総体としての仏教の教えはかなり多様性に富んだものとなっている。無数の植物や動物が共存して複雑な生態系をつくっている太古の森のようなものと言ったらいいだろうか。

開祖・釈迦はブッダと呼ばれた

紀元前5世紀、インドの釈迦は、伝統的な神々の祭祀では老・病・死の苦しみの問題に答えられないとして、苦を乗り越えて悟りを開くための瞑想修行の方法を編み出した。彼は人々

から「ブッダ（目覚めた者）」と呼ばれた。

釈迦のもとには世俗の社会を抜け出た、つまり出家した弟子たちが大勢あつまり、師といっしょに各地を遊行して歩いた。

釈迦の死後も教団は繁栄した。数世代の間に修行のカリキュラムを体系化し、修行のマニュアルであるたくさんの仏典（経典、お経）を編纂した。

東南アジアでは出家修行重視の
初期仏教の方法が受け継がれている

初期仏教のやり方を今日も受け継いでいるのが、スリランカや東南アジア諸国に伝わったテーラワーダ仏教である。この仏教は戒律を守る出家修行を重視する。

東アジアでは民衆に実践しやすい
大乗仏教が広まった

西暦紀元前後、一般民衆の救いを目指す大乗仏教が派生した。これは多神教型の宗教システムであり、釈迦の修行法を生かしながら、民衆にも実践しやすいさまざまな信仰形態をどんどん取り込んだものである。大乗仏教には、ブッダや菩薩などのスーパーマン的な存在を信仰したり、呪文を唱える、読経するなどの種々の実践の道がある。大乗仏教はチベットや東アジア（中国、韓国、日本など）に広まった。

仏教の変遷（1）

開祖
（紀元前5世紀頃）

釈迦
（ブッダ＝目覚めた者）

苦を乗り越える瞑想修行を開始する

↓

初期の教団

初期仏教
（原始仏教）

初期仏典
（原始仏典）

出家修行を中心とする
システムの整備

・・・▶ **テーラワーダ（上座部）仏教**
スリランカ
東南アジア諸国

↓

新たな潮流
（西暦紀元前後から）

大乗仏教

民衆の救済を視野に入れる

大乗仏典

釈迦の修行法を
生かしながら
さまざまな信仰を
取り入れる

・・・▶ **チベット仏教、東アジアの大乗仏教**
中国仏教
韓国仏教
日本仏教
ベトナム仏教
etc…

インド本国では消失
（ヒンドゥー教に呑まれる）

紀元前　　　　　　　　　　　紀元後

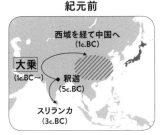
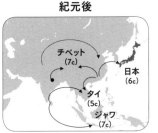

Buddhism 3

開祖の生涯

開祖シャカは老・病・死を脱するために修行を始めた

シャカ族の王子、ガウタマ・シッダールタ

　　仏教の開祖は釈迦である。紀元前463〜383年頃の人（それより一世紀ほど昔と見る説もある）。本名はガウタマ・シッダールタ（大乗仏教で用いるサンスクリット語の発音）あるいはゴータマ・シッダッタ（テーラワーダ仏教で用いるパーリ語の発音）である。

　　彼は釈迦（シャーキャ）族の王子であったので、釈迦族の聖者という意味で釈迦牟尼（シャーキャムニ）と通称される。短く釈迦、敬してお釈迦さま、釈尊などと呼ばれる。

悟りを開き、「目覚めた者＝ブッダ」と呼ばれるようになる

　　伝承によると、彼は王宮での生活に疑問を感

じるようになって、老・病・死の苦しみを脱する法を見出すために遊行者となった。

初めは苦行を続けるが、これは身体を痛めるだけで悟りに通じないと見切って、菩提樹の下で瞑想を始める。

そして35歳のときに悟りを開いたという。人々は彼を「目覚めた者」という意味のブッダという称号で呼んだ。ブッダを漢字で書くと仏陀（ぶつだ）となり、略して仏という。漢語で覚者ともいう。

釈迦は大勢の弟子を教え、北インドの二つの修行キャンプ（竹林精舎と祇園精舎）の間を移動して暮らした。

シャカの死を「涅槃」と呼ぶ

80歳に死期を悟り、移動中に死去した。直接の死因は食中毒であったらしい。死後、骨（仏舎利）を分割して各地で祀られるようになった。仏舎利をおさめた建物を塔と呼ぶ。

なお、悟ることを「迷いの火が消える」という意味で涅槃（ニルヴァーナ、ニッバーナ）というが、釈迦の死も、生命と迷いが完全に消えたという意味で涅槃と呼ばれる。

釈迦の生涯

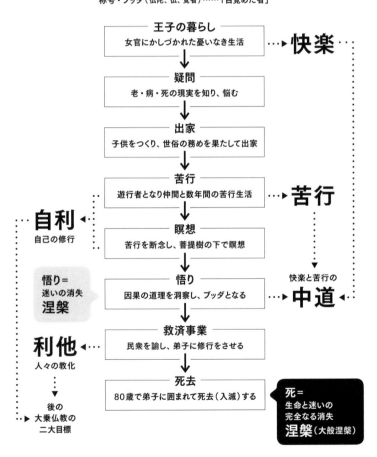

Buddhism 4

救いのシステム①

初期仏教は修行によって煩悩から脱する「すごろく式」のわかりやすいシステム

古いシステムを残す東南アジアのテーラワーダ仏教

仏教の「救い」のシステムは、宗派によって異なる。釈迦の時代に近い古いシステムを残しているといわれる東南アジアのテーラワーダ仏教のシステムを見てみよう。

このシステムは、「煩悩まみれの生活からスタートして、修行により煩悩を脱していって、遠い未来にゴールインするのを目指す」という、すごろく式の明確なものである。

幾度も生を繰り返す「輪廻」は苦しみの世界

教えの大前提として輪廻がある。これはインド人にとっての常識的な世界観である。人間は幾度も幾度も生を繰り返す。善行を果たせば善

き生に生まれ変わり、悪行をした者は悪しき生を迎える。輪廻世界は総体として苦しみの世界である。開祖の釈迦は人生の「苦」を乗り越える修行法を編み出したが、ここでいう人生には、現世のみならず、前世や来世も含まれている。

「仏法僧」「八正道」「五戒」

輪廻世界を逃れたい人は、仏道に入門する。それは仏（ブッダ＝釈迦）と法（ダンマ＝釈迦の教え）と僧（サンガ＝弟子の教団）という三つの権威（三宝）に服することである（三帰依）。

出家した者は200以上の具体的な戒律に従って、煩悩（欲望や迷い）を離れたピュアな生活を送る。その根本方針を八項目にまとめた教えを八正道（はっしょうどう）と呼ぶ。在家の者も、殺さない、盗まないなど五種の戒律（五戒）を守り、出家者に食事などを供養（サービス）する。

修行を果たせば来世の生のステージが上がる

出家者、在家者ともに、それぞれの修行を果たせば来世の生のステージが上がる。最終ゴールは阿羅漢（あらかん）という聖者になることだ。（釈迦は完璧に悟ってブッダになったが、仏弟子はブッダの一歩手前の位である阿羅漢になるのを最終目的としている。）

なお、悟ることを解脱（げだつ）、悟った智慧を菩提（ぼだい）、その境地を涅槃（ねはん）ともいう。

初期仏教のシステム

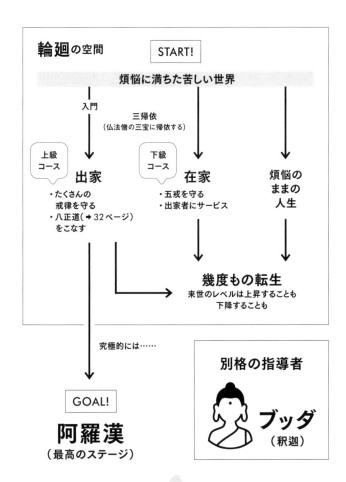

- 煩悩を克服する修行のすごろく型ゲーム！
- 現世のみならず、前世や来世が視野に入っている！

Buddhism 5

救いのシステム②
大乗仏教は立体的な構造のゲームになった

初期仏教はまっすぐコマを進めていくすごろくに似たゲームであったが、大乗仏教は多次元的な救いの裏ワザを取り込み、立体的な構造のゲームになった。

修行の方法は初期仏教よりも多様化した

初期仏教と同様に、三帰依によって入門する。修行の方法と目的は、初期仏教よりも多様化している。

大乗仏教では、自己の救いのための禁欲（自利の行）のみならず、開祖釈迦にならって人々の救いのための実践（利他の行）も重んじる。

しかも必ずしも出家者が在家者より格上というわけではない。初期仏教に比べて「飛び級」や「下剋上」の自由度が高い。大乗の道を自覚的に歩む者を菩薩と呼ぶ。

修行の最終目的は、煩悩を吹き払って、釈迦

と同じくブッダになることである。これを成仏という。ブッダとは人間の最高の理想の姿である。これは原則として、無限の転生を経たのちのゴールである。

私たちの中にあるブッダ

哲学的には、人間はみな仏性（ブッダとしての資質）をもつと考えられるようになった。いわば、みな迷いの中でもブッダの心を抱えて生きているのだ。輪廻の中に涅槃があるのである。

禅では即心是仏といい、密教では即身成仏という。いずれも今・ここでのブッダの体現を意味する。

修行だけでなくブッダや菩薩への信仰もある

私たちは、釈迦や阿弥陀のような先輩ブッダや、観音や地蔵のような先輩菩薩を信仰することによって、これら諸仏諸菩薩の救済パワーを借りることもできる。

大乗仏教には一神教や多神教の神の信仰に似た要素もあるのだ。

このように、大乗仏教には、A：気の遠くなるような修行の道がある一方で、B：迷いの世界の中に悟りが潜んでいるという教えもあり、C：神話的なブッダや菩薩を信仰する道もある。きわめて多重的なシステムなのである。

大乗仏教のシステム

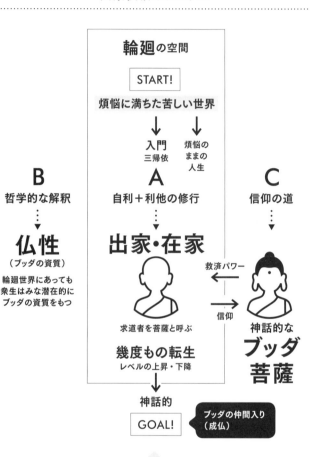

- 初期仏教よりもゲームが多層的！
  A 基本は修行の道：修行を積んで輪廻の果てにブッダになる
  B 裏ワザあり！：あなたも仏性をもつ。これに気づけばゴールも同然！
  C 究極の裏ワザは信仰の道：
  　神話的な大先輩である菩薩やブッダのパワーを借りる！
- 出家と在家、輪廻と悟りの区別が相対化！

Buddhism 6

救いのシステム③
信仰のふたつの形
法華信仰と浄土信仰

　初期仏教は完全なる「修行の宗教」であったが、大乗仏教はキリスト教やイスラム教にも似た「信仰の宗教」の性格を強く帯びている。とくに法華信仰と浄土信仰がそうだ。
　我々の住んでいる世界を娑婆世界という。この娑婆に出現した救済者ブッダである釈迦はとうの昔に死んでいる。では、救済者のいない今はいったいどこの誰を頼ればいいのか？

法華信仰は世界をよくするための菩薩行を説く

　法華経によれば、釈迦は実は死んでいない。死んだのは見せかけであり、神秘の次元では釈迦は今も現役のブッダとしてインドの霊鷲山（りょうじゅせん）（霊山浄土（りょうぜん））で我々を鼓舞している。
　法華経は万人の救いを説く経典であり、釈迦の教えのエッセンスである法華経のタイトル（題目）を「南無妙法蓮華経（なむみょうほうれんげきょう）」と唱えることに

よって、我々のスピリットも悟りへと活性化される。

同時に、輪廻世界をよりよい世界に変えていく菩薩行に邁進していくのが法華信仰の道だ。日蓮宗は法華信仰の宗派である。

浄土信仰は自力にとらわれず他力に任せることを説く

浄土三部経（阿弥陀経、無量寿経、観無量寿経）によれば、釈迦は私たちに極楽世界のブッダである阿弥陀を信仰することを勧めた。

阿弥陀は万人の救済を約束しているので、我々は阿弥陀に精神を集中すれば、とくに「南無阿弥陀仏」という念仏を唱えれば、死後に極楽浄土にワープ（往生）できる。そこでラクに修行して成仏するのである。

日本の浄土信仰では、死を待たずしても、日々の暮らしの中で念仏する姿のうちにすでに往生や成仏が含まれていると解釈されるようになった。融通念仏宗・浄土宗・浄土真宗・時宗は浄土信仰の宗派である。

法華信仰と浄土信仰のシステム

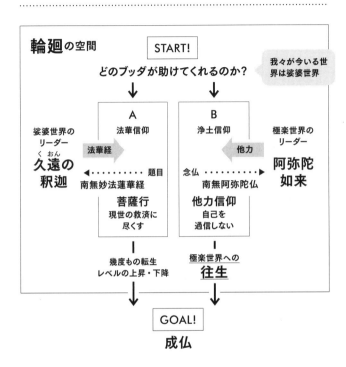

2つの信仰の違い

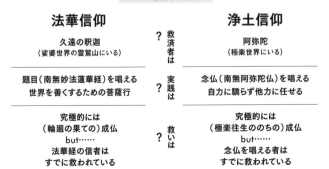

Buddhism 7

教え①
煩悩から悟りへ向かうゲーム

　仏教はSTARTを煩悩(ぼんのう)、GOALを煩悩の消えた悟りの状態（菩提とか涅槃とかいう）に置く、すごろく式のゲームの構造をもっている。

三つの煩悩を徹底的にコントロールする

　出発点の煩悩とは、貪欲(とんよく)（むさぼり）、瞋恚(しんい)（いかり）、愚癡(ぐち)（おろかさ）の三毒（貪瞋癡(とんじんち)）である。

　これに引っ張りまわされると人生ロクなことがないことは、誰にも分かることだ。しかしふつうはこれを徹底的にコントロールしようとまでは思わないだろう。

　それでも、欲の人一倍強い人、自分や他人の煩悩のせいでひどい目にあった人などは、シリアスに考えるかもしれない。釈迦はそうした人のために、徹底した道を用意したのである。

　それは、お酒をたしなむ程度ではなくアルコ

ール中毒にまで至った人にとって、アルコールの欲望を抑える徹底した生活管理が「とてもありがたい」というのと同じことだ。

修行とは、日常生活の管理にある

だから釈迦の修行の原理は、日常生活の管理である。それはたくさんの戒を守る生活ということになる。その基本原則をまとめたのが32ページに見る八正道(はっしょうどう)だ。

釈迦の修行道場は、比喩的に言えばアルコールや麻薬の中毒からの立ち直りを促すリハビリ施設のようなものだ。釈迦の書いた苦悩の診断書を四諦(したい)と呼ぶ（31ページ参照）。

仏教の原則は、両極端を避けた中道にある

生活管理とか戒律とかいうといかにも厳しそうだが、インド一般のさまざまな苦行法に比べたとき、仏教の手法はかなり緩やかで、決して苦行とは呼べない。

実際、釈迦自身が身体をボロボロにする苦行を試して「こりゃダメだ」と放棄したと伝えられている。仏教の原則は、快楽の極端と苦行の極端の両方を避ける、合理的で穏やかな中道にある。

煩悩を乗り越える生活管理

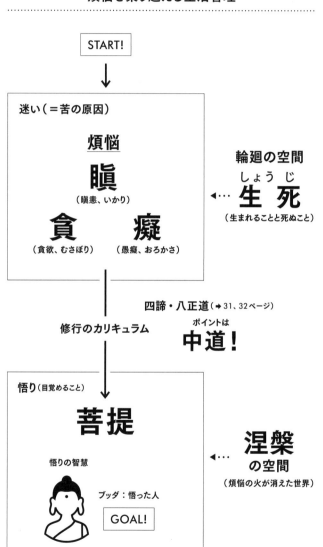

Buddhism 8

教え②
初期仏教の大原則「四諦」と「八正道」

病気の診断書のような「四諦」

　　　　釈迦は元祖カウンセラーであり、人生の苦悩という病気の医者であった。そのため、初期仏教の教えの大原則は、病気の診断書によく似た形でまとめられている。それを「四諦」という。「諦」は「あきらめる」と読むけれども、ギヴ・アップの意味ではなく、「明らかにする」という意味である。英語では truth（真理）と訳される。

①**苦諦（病気の宣告）**「あなたの人生には苦が満ちています」
②**集諦（病因の特定）**「煩悩が集まって苦の原因となっています」
③**滅諦（治療の目標）**「目指すべきは煩悩を消し去ることです」
④**道諦（処方箋）**「治療法は八種の薬の混合

（八正道）です」

生活のコントロール法「八正道」

　道諦に説かれた「八正道(はっしょうどう)」とは、生活の八つの方面に関するコントロールの道である。

① 正見(しょうけん)。四諦という根本的展望を忘れないでいる。
② 正思(しょうし)。わざわざ煩悩に陥るような思考を避ける。
③ 正語(しょうご)。ウソや馬鹿げた話などを避ける。
④ 正業(しょうごう)。殺生、盗み、エッチをしない。
⑤ 正命(しょうみょう)。衣食住をほどよいものにする。
⑥ 正精進(しょうしょうじん)。何につけ善を求め悪を避ける。
⑦ 正念(しょうねん)。注意力をもって心身の現象をチェックする。
⑧ 正定(しょうじょう)。適切なやり方の瞑想の実践。

　初期仏教およびテーラワーダ仏教の出家修行者は八正道を細かく実践する。それを助けるものとして二百を超える教団生活上の戒律がある。

四諦

苦諦	→	集諦
苦という病気の宣告		病因である煩悩の特定

↓

道諦	←	滅諦
処方箋である八正道		治療目標としての悟り

八正道

智慧のレベル

①正見
四諦という展望

②正思
思考の制御

生活規範のレベル

③正語
言葉遣いの注意

④正業
殺生・盗み・性などの戒め

⑤正命
衣食住の適正化

修行のレベル

⑥正精進
善を求め悪を避ける努力

⑦正念
心身のチェック

⑧正定
正しい瞑想の実践

Buddhism 9

教え③
輪廻から抜け出ることが目標

　死後に幾度も新たな生を迎えるという輪廻(りんね)の考え方は、世界中に見られる。日本の民俗的伝統では、死後に漠然と（裏山などにある）先祖の世界に合流し、身近な子孫として還ってくるという来世観が近代まで残っていた。

生前の行為が死後に結果をもたらす

　インドでは輪廻転生が明確な教理として発展し、これに倫理観が結びついた。善い行為（業(ごう)）は死後にも善い結果をもたらし、悪い行為は死後にも悪い結果をもたらす。輪廻は総じて迷いの世界と捉えられ、ここから抜け出る、すなわち解脱(げだつ)することがインド思想の目標となった。輪廻、業、解脱はヒンドゥー教、仏教、ジャイナ教に共通する観念である。

輪廻によって向かう六つの空間「六道輪廻」

仏教では、輪廻によって赴く悪しき生あるいは空間として、地獄（責めさいなまれる生）、餓鬼（飢えを特徴とする生）、畜生（動物としての生）を、善き空間として人（通常の人間の生）、天（ヒンドゥーの神々としての生）を掲げる。のちに阿修羅（ヒンドゥー教の闘争好きな下位の神々としての生）を加えて六道輪廻とした。

死者が転生を待つ期間が「四十九日」

なお、死者はすぐに転生せず、49日間は中有（中陰）という中途半端な状態にある。だからこの間に死者が善い生に生まれるように「四十九日」まで頻繁に法要を営むのである。

ラクに修行できる極楽へのワープ「極楽往生」

浄土信仰では極楽が説かれるが、これは地獄の対概念ではない。阿弥陀ブッダのユートピア世界である極楽には地獄や餓鬼や畜生など悪しき生がないので、人々はそこでラクに修行することができる。だから死後は極楽にワープ（往生）することを願うのである。

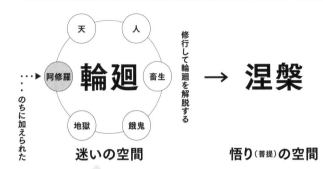

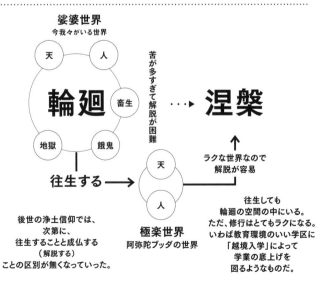

Buddhism 10

歴史②
大乗仏教は東アジアに伝わって発展した

中国ではたくさんのお経が翻訳された

インドの大乗仏教は、紀元前後からシルクロード経由で中国に伝わるようになった。初めは西方の一風変わった神の信仰として受け入れられ、次には中国古来の老荘思想に似た教えと思われた。

およそ1000年間にたくさんの仏典（各種の般若経典や浄土経典、華厳経、法華経など）が翻訳され、次第に正確な教理が理解されるようになった。学問僧たちが、どの経典のどの教えが最も大事な教えであるかを一生懸命論じた（これを教相判釈と呼ぶ）。ある学派は華厳経こそ最重要の教えと考え、別の学派は法華経こそ諸経の王だと考えた。やがて仏教は中国に定着し、もっぱら禅と浄土信仰の形で生き残ることになった。いずれも東アジアのライフスタイルに合った信仰形態として発展を続けた。

日本へは6世紀頃、学問としての仏教が伝わった

　中国の学問仏教は6世紀頃に日本に伝わった。奈良盆地に建った法隆寺、東大寺、薬師寺などの寺院は今でいえば大学のようなもので、三論宗、成実宗、法相宗、倶舎宗、華厳宗、律宗の南都六宗は「哲学」「論理学」「深層心理学」みたいな学問コースの名称であった。

平安時代、最澄と空海が信仰としての仏教を展開させた

　9世紀には最澄が法華経を教えの根幹とする日本天台宗を開き、空海が密教を実践する真言宗を開いた。なお、インドにおいて後期に発達した密教は、日本の他にチベットに受け継がれている。

鎌倉時代、禅や浄土信仰など、新しい形が起こった

　13世紀になると、栄西や道元の禅、法然や親鸞の浄土信仰、日蓮の法華信仰が新時代を切り開いた。
　以来、日本仏教は、①密教、②禅、③浄土信仰、④法華信仰の四種の形で実践されている。

仏教の変遷（2）

現在の仏教

大乗仏教
　A　チベット語訳大乗仏典を用いる
　　　（チベット）
　B　漢訳大乗仏典を用いる
　　　（中国・韓国・日本・ベトナム等）

テーラワーダ（上座部）仏教
　C　パーリ仏典を用いる
　　　（スリランカ、ビルマ、タイ等）

Buddhism 11

歴史④
初期仏教と違う大乗仏教

　紀元前5世紀の人物である釈迦の教えに直接由来する初期仏教（テーラワーダ仏教を含む）と、紀元前後に生まれた大乗仏教とは、いろいろな点で異なっている。

　もちろん、「悟る」という大まかな目標は同じであるし、煩悩を鎮めて苦の悪循環を断つという基本的アイデアも、中道という基本方針も共通である。

　大乗仏教は次のような特徴をもつ。

①**【菩薩の道】**自利の行のみならず、利他の実践を重んじる。だから、自分の悟りばかりでなく民衆の救済に意を注いだ開祖の釈迦にならって、自分たちを「菩薩」と呼ぶ。というのは、釈迦は悟ってからは「ブッダ」と呼ばれるが、悟る前に（とくに前世で）人々のために尽くしている時点では「菩薩（ボーディサットヴァ、

悟りに向かう人）」と呼ばれたからである。

②【空の精神】出家と在家の別を超えて、ともに「とらわれない心」すなわち「空」の精神で頑張っていこうとする。それに基づく修行の六つの指針を六波羅蜜(ろくはらみつ)と呼ぶ。

③【輪廻の中の涅槃】輪廻の世界、煩悩の世界を必ずしも否定的に見ない。むしろ輪廻のただ中にあって、煩悩に悩みながらも、そこに人間に潜在するブッダとしての性質を発揮しようと考える。

④【信仰の道】修行ばかりではなく、神的存在の信仰によっても救われる道がある。つまり、スーパーマンのようなブッダや菩薩（諸仏・諸菩薩）の救いのパワーにあやかることができる。

また、真言（マントラ）や陀羅尼(だらに)（ダーラニー）と呼ばれる呪文のパワーを借りて修行を促したり、現世利益(げんぜりやく)を得たりすることができる。

大乗ワールド

自利の行ばかりではなく利他の行も大切

出家生活も
大事だが
在家生活も
大事である

大乗の
求道者のこと ┄┄▶ **菩薩**

六波羅蜜 ◀┄┄ 大乗の
根本精神
（→43ページ）

空 ◀┄┄┄┄

輪廻・煩悩の
世界と
涅槃・悟りの
世界とが
もちつもたれつ

自分で修行に
励むのも
よいが
諸仏・諸菩薩の
信仰も
役にたつ

Buddhism 12

教え⑤

大乗仏教は実践重視。目標は実社会で役立つ「六波羅蜜」

　初期仏教時代から出家修行者には八正道の実践が求められていたが、大乗仏教は、求道者の実践目標を、実社会を渡り歩く際に使えるコンパクトでダイナミックな六項目（六波羅蜜）に整理しなおし、そのポイントである「空(くう)」を強調した。

「空」とは、こだわらない心でいること

　他人を救うことを重要課題と考える大乗仏教は、社会における実践を重視し、こだわらない心で行動するように人々に求める。こだわらなさ、とらわれのなさを「空（からっぽ）」という。

　たとえば、他人に物を与えるとき、「私が与えた」と思えば嫌味になる。もらったほうも

「私は与えられた」と思うと重荷になる。その物自体もけがらわしくなってしまう。しかし、与える者、与えられる者、与える事物、そのすべてを「空（からっぽ）」と見なすことができれば、世の中の風通しがよくなるだろう。

そのような精神を般若波羅蜜（般若波羅蜜多）と呼ぶ。サンスクリットでプラジュニャー（智慧）・パーラミター（完成）、つまり「智慧の極み」とでもいった意味である。

「六波羅蜜」とは、実践すべき6つの徳目

この与えるという徳目は布施波羅蜜と呼ばれる。布施とは、物理的にも精神的にも「与える」「サービスする」ことを意味する。菩薩には、般若波羅蜜の「空」の精神のもとで、布施波羅蜜の他にも、持戒波羅蜜（戒律を守ること）、忍辱波羅蜜（苦難を忍ぶこと）、精進波羅蜜（努力を惜しまぬこと）、禅定波羅蜜（瞑想による精神統一をすること）という徳目を実践することが求められる。以上の六項目が六波羅蜜である。

「空」には哲学的な意味もある

「空」は「とらわれない心」の指標であるが、哲学的には「物には実体がなく、相互関係（縁起）の中にあること」を意味する。

六波羅蜜（六つの徹底的実践）

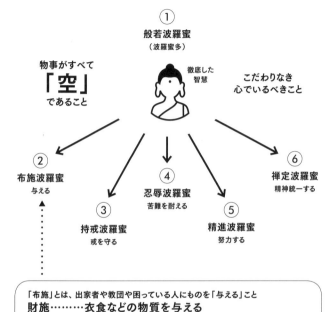

「空」でないものとは?

| 恩着せがましく与える | 与えられて煩わしく感じる | 金品が煩悩となる |

Buddhism 13

ひとりのブッダから
おおぜいのブッダへ

初期仏教ではブッダは釈迦ひとり。
みな修行して悟りを目指す

　　　初期仏教では、ブッダといえば原則として開祖の釈迦ひとりである。釈迦が悟ってブッダ（目覚めた者）となった。弟子たちは開祖の悟りを目指して修行に励む。

　　　しかし、時代とともにブッダは超人化され、並みの人間には到底たどりつけない境地に達したスーパーマンとして扱われるようになった。今日東南アジアで行なわれているテーラワーダ仏教における、釈迦＝ブッダとは、そういう存在である。

大乗仏教ではブッダが無数に。
修行して悟りを目指すだけでなく信仰の道もある

　　　大乗仏教ではこれとは異なるブッダ観をもっている。ブッダとはそもそも理念の世界の存在なのだ。そうした神話的なブッダは原理的に宇宙の中に無数にいる。我々の世界（娑婆世界）

に出現したブッダは釈迦であった。しかし、遠い極楽世界には阿弥陀というブッダ（阿弥陀仏、阿弥陀如来）がいるし、他にもさまざまなブッダがいる。我々は瞑想の中でそうしたブッダのパワーを借りてくることができる。

　仏教はもともと悟りのための修行の宗教であった。そこには神頼みの要素はなかった。しかし、出家して修行を続けることのできる人間は少数である。もしみんなが出家者になったら世の中の経済活動は成り立たなくなる。
　では、修行できない一般人はどうしたらいいのか。在家の衆生は、それぞれなりに釈迦の教えを日々の生活の中に実現できればそれでいいのではないだろうか。ひょっとしたら大袈裟な悟りを開くことなどより、社会生活を良くしていくことのほうがずっと大事かもしれない。
　一般の衆生のためには、信仰の道が開かれている。人生の大先輩である釈迦や諸々のブッダたちが今宇宙のどこかで我々を応援しているという信仰だ。諸仏（諸々のブッダ）を拝み、釈迦の遺骨である舎利をおさめた仏塔を拝み、釈迦の教えである経典を読誦し、あるいは写経することで、安心立命がはかれれば、それもまた仏教の王道なのである。

大乗仏教の重要なブッダたち

「如来(タターガタ)」とは「仏(ブッダ)」の
別の称号である。同じと考えていい。

釈迦牟尼如来

開祖の釈迦。法華経によれば、永遠のブッダとして今も霊的世界に生存中であり、我々を応援している。

薬師如来

人生の医者としての釈迦のイメージが独立して、薬の神様、薬師が誕生した。日本の薬師寺は薬師信仰の寺院である。

阿弥陀如来

浄土信仰における重要なブッダ。西方の極楽世界の教主。鎌倉の大仏も阿弥陀如来である。

毘盧遮那如来

華厳経が説く悟りの宇宙のブッダ。奈良の大仏はこれである。東大寺は華厳経を奉じる寺院だ。(→62ページ)

大日如来

密教の曼荼羅の真ん中に描かれるブッダ。毘盧遮那如来と本質的に同じ、悟りの宇宙そのものを象徴した存在。(→66ページ)

密教で用いる曼荼羅(左が金剛界曼荼羅、右が胎蔵曼荼羅)。いずれも中央部分に大日如来を描く。曼荼羅は瞑想の中で悟りを導くツールだ。

日蓮宗の曼荼羅本尊は、南無妙法蓮華経と書かれたいわば文字のブッダである。永遠の釈迦が説いた法華経のパワーがここに込められている。

Buddhism 14

大乗仏教には「菩薩」という神のような存在も生まれた

菩薩のもともとの意味

　菩薩（菩提薩埵、ボーディサットヴァ）とはもともと悟りを開く前の釈迦を指す称号であった。悟る前はボサツ、悟ったらブッダなのである。

　大乗仏教の求道者たちは自分自身を菩薩と呼んだ。誰でも釈迦にならって自分の悟りと他人の救済に尽力しようと決意したならば、菩薩だというのである。

スーパーマンのような菩薩の登場

　インド人の想像力の中では、あらゆる生物（衆生）は輪廻を繰り返しており、ステージが上がるとより善き存在に生まれ変わる。そして上位のステージにはさまざまな超能力を具えた神のような存在もいる。菩薩の中にも、ほとんどスーパーマンのような超人的な存在がいる。

文殊菩薩、弥勒菩薩、観音菩薩、地蔵菩薩などである。

　私たち凡夫には、大先輩であるこれらの菩薩の救済パワーを信じる道が開けている。

　文殊菩薩は「三人よれば文殊の知恵」のことわざどおり、すばらしい智慧をもっている。

　弥勒菩薩は天上にあって56億7千万年後にブッダに昇格するのを待っている。

　観音菩薩はあらゆる人間を救おうと誓った。彼らは33の姿に変身して救済に訪れるといわれる。あるいは救いのための千本の手を持つというビジョンもある。

　なお、女性の姿になっても出現するが、のちに観音は中国において女性ということになった（観音は道教の女神でもある）。

　地蔵菩薩はもとヒンドゥー教の大地の神であり、地獄をはじめ輪廻のあらゆる場面において人々を救うという。日本では「六地蔵」といって六体の地蔵を安置することがある。地獄・餓鬼・畜生・阿修羅・人・天の六種の境遇に応じて六体が刻まれるのである。江戸時代から流産死した胎児（水子）の供養のための水子地蔵が信仰されるようになった。

釈迦の人生

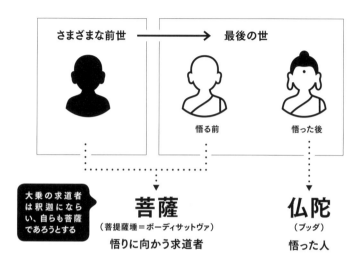

さまざまな前世 → 最後の世

悟る前 / 悟った後

大乗の求道者は釈迦にならい、自らも菩薩であろうとする

菩薩
（菩提薩埵＝ボーディサットヴァ）
悟りに向かう求道者

仏陀
（ブッダ）
悟った人

さまざまな神話的な菩薩

文殊菩薩
「文殊の知恵」
頭がいい

弥勒菩薩
天上で
ブッダになる
遠い未来を待つ

観音菩薩
さまざまに
化身して
人々を救済

地蔵菩薩
輪廻のどこに
おいても
人々を救う

慈母観音

- 観音は長く書くと観世音菩薩。般若心経では観自在菩薩と訳されている
- 観音は原則として男性だが中国の道教では女神となっている
- 慈母観音はキリシタン禁制時代の「マリア観音」にもなった

聖母マリア

Buddhism 15

教典①
さまざまな大乗仏典

**初期の代表は般若の
智慧や空を説く般若経典群**

　初期の大乗仏典（1〜3世紀）の代表は般若の智慧や空を説く般若経典群だ。最も古いのは道行般若経（八千頌般若経）、最も大きいのは大般若経（百科事典数冊分の分量がある）、最も短いのは般若心経（55ページ）である。「空」という用語を用いない金剛般若経もよく読まれている。

　維摩経は戯曲的な構成のお経で、登場人物である在家の紳士、維摩が「無っ」とばかりに何も語らないことをもって悟りの真理を示す場面をクライマックスにしている。

　法華経もまた戯曲的な構成をもち、万人の成仏と、久遠の釈迦をドラマチックに説く。

　浄土三部経（阿弥陀経、観無量寿経、無量寿経）は、阿弥陀の救いとその浄土である極楽への往生を説いた、浄土信仰の基本経典である。

　華厳経は釈迦が悟りの瞬間に毘盧舎那という

宇宙的ブッダと一体化している様子を賛美する。また善財童子の求道の遍歴物語も華厳経の一部である。

中期のお経のいくつか

中期のお経（3〜5世紀成立）には、勝鬘夫人という女性が教えを説く勝鬘経（しょうまんぎょう）や、釈迦の臨終の場面を描きつつ「あらゆる生き物はみな仏性（仏となり得る性質）をもつ」と説く大般涅槃経、深層心理学のはしりといわれる解深密経（げじんみっ）、禅宗の重んじる楞伽経（りょうが）などがある。

後期に多いのは密教経典

後期のお経（5世紀以降）は概ね密教経典である。無数にあるが、大日経と金剛頂経が重要だ。これらの記述に従って胎蔵曼荼羅（たいぞうまんだら）や金剛界（こんごうかい）曼荼羅が描かれる。

また、カテゴリー的に般若経典群に含まれている理趣経も重要な密教経典である。これは男女の愛欲が本質的に清浄であることを説いたものだ。

さまざまな大乗仏典

般若経典群
「空」と般若の智慧を説く

道行般若経	大般若経	般若心経	金剛般若経
（八千頌般若経） 最も古い	般若経典群の 集大成	最もコンパクト （→55ページ）	「空」という語を 用いない

戯曲的な構成の経典
しばしばユーモラスである

維摩経	法華経	華厳経
在家の紳士維摩の 活躍	万人成仏 久遠の釈迦	釈迦の悟りの瞬間 （毘盧舎那と一体化） 善財童子の求道の 遍歴物語

浄土三部経
阿弥陀とその極楽浄土への往生を述べる

阿弥陀経	観無量寿経	無量寿経
極楽浄土の さまを描く	瞑想の中で ブッダを見ることで往生	阿弥陀が菩薩だったころ 衆生を絶対に救うと誓う

勝鬘経	大般涅槃経	解深密経	楞伽経
勝鬘夫人という 女性が教えを説く	釈迦の臨終 あらゆる生き物は みな仏性をもつ	深層心理学の はしり	真理は言葉で 説かれない 禅宗が重んじる

密教経典

大日経	金剛頂経	理趣経
胎蔵曼荼羅と その修行法の原典	金剛界曼荼羅と その修行法の原典	男女の愛欲もまた 本質的に清浄である （本来般若経典の一つ）

Buddhism 16

教典②
最も短くて日本人に人気の「般若心経」

ポイントは何事も「空」の精神で行なうこと

　　大乗仏教の実践者である菩薩の基本精神は「般若波羅蜜（多）」（プラジュニャー・パーラミター）である。そのポイントは何事も「空（からっぽ）」の精神で行なうことだ（43ページ）。なお、「空」をサンスクリット語でシューニャあるいはシューニャターと呼ぶが、これは数字のゼロのことでもある。

般若心経は簡単なメモ書き

　　この空の精神をさまざまに説いた一群の経典を般若経典と呼ぶ。最も長いものは大般若経で、これは百科事典数冊ぶんの長さがある。最もコンパクトなのがわずか二百数十字の般若心経である。これは大乗の空の精神に関する簡単なメモ書きである。

　　般若心経の漢訳はいくつかあるが、最もよく

読誦されているのが、西遊記の三蔵法師のモデルとなった玄奘三蔵が訳した「般若波羅蜜多心経」である。

冒頭には修行の目標が定義されている

　冒頭には「観自在菩薩が、深遠なる般若波羅蜜多を実践したとき、五蘊がみな空だと見抜いて、あらゆる苦を乗り越えた」とある。観自在菩薩（＝観音菩薩）は大乗の修行者である菩薩の代表。般若波羅蜜多は空の精神。五蘊とは世界の構成要素のことで、それが空だと見抜くことができれば、人生の苦は乗り越えられる、というのだ。

　これはいわば、大乗の修行目標を定義した文である。大乗の修行目標は、こだわらない、囚われのない心で世間を渡れるようになることである。

末尾には精神を集中する呪文がある

　般若心経の末尾には「ぎゃてい　ぎゃてい　はらぎゃてい　はらそうぎゃてい　ぼうじそわか」というマントラ（呪文）が書いてある。呪文に精神を集中して心をカラッポにできれば、それが般若の教えである「空」の始まりとなるのである。

玄奘三蔵訳　般若心経（般若波羅蜜多心経）

冒頭の一句が重要

般若波羅蜜多心経

① 観自在菩薩　行深般若波羅蜜多時　照見五蘊皆空　度一切苦厄

② 舎利子　色不異空　空不異色　色即是空　空即是色　受想行識亦復如是

③ 舎利子　是諸法空相　不生不滅　不垢不浄　不増不減　是故空中　無色　無受想行識　無眼耳鼻舌身意　無色声香味触法　無眼界　乃至無意識界　無無明　亦無無明尽　乃至無老死　亦無老死尽　無苦集滅道　無智亦無得　以無所得故

④ 菩提薩埵　依般若波羅蜜多故　心無罣礙　無罣礙故　無有恐怖　遠離一切顛倒夢想　究竟涅槃　三世諸仏　依般若波羅蜜多故　得阿耨多羅三藐三菩提

末尾の呪文も重要

⑤ 故知般若波羅蜜多　是大神呪　是大明呪　是無上呪　是無等等呪　能除一切苦　真実不虚故　説般若波羅蜜多呪　即説呪曰

　羯帝　羯帝　波羅羯帝　波羅僧羯帝　菩提僧莎訶

般若波羅蜜多心経

---

① 菩薩は般若の智慧で空を悟るというテーゼ

② キャッチフレーズ「色即是空」でまとめる！
　色即是空……色（物質的現象）は空（からっぽ）である
　空即是色……空（からっぽ）であるままに色（物質的現象）となっている

③ 教団のさまざまな哲学的概念に「不」「無」をつけて相対化する

④ この般若の智慧で菩薩もブッダも悟るという

⑤ 般若の智慧を呪文（マントラ）に変換！

Buddhism 17

日本の宗派①
日本仏教にはどんな特徴があるのか？

　仏教は6世紀に日本列島に伝来した。奈良時代には平城京周辺の各寺院で大勢の僧侶が仏教を学習・研究した。こうした学問仏教と並行して、行基など、民衆の教化や福祉などに尽力する求道者も活躍するようになった。

**平安時代に空海が輸入した
密教が大流行した**

　9世紀初め、最澄が法華経を中心とする学派である天台宗を中国から移入した。天台宗の延暦寺はその後日本の総合仏教大学として繁栄を続け、数々の名僧を輩出した。最澄と同時期に空海は最新鋭の仏教として中国で流行していた密教を本格的に輸入し、日本に定着させた（なお、密教は天台宗でも行なわれる）。密教の呪術的儀礼は日本人の心をつかみ、密教は大いに流行した。

鎌倉時代は一般民衆が信仰しやすい
新たな仏教が展開した

平安末期から鎌倉期にかけて、従来の仏教の学問的・貴族的性格を脱した新たな仏教が展開した。それは禅宗（栄西、道元など）、浄土信仰（法然、親鸞など）、法華信仰（日蓮）の三系統にまとめられる。いずれも煩雑な仏教教理の中から「本質的」と思われる一つの教えあるいは行法を選択したものであり、一般民衆の救いにとってはありがたいものであった。一神教の世界では、神への信仰という単純なモチーフにすべての教えを帰着させるが、それと同様の働きがあったと言えるだろう。

江戸時代に日本人はみな仏教宗派に
属することになり「葬式仏教」化が始まった

日本仏教は、迷いの世界と悟りの世界との違いを絶対化しない大乗仏教の「相対主義」をさらに強く推し進めた。儀礼は重んじるが、戒律は重視しない傾向があり、近代ではとくにそうである。江戸時代には日本人はみないずれかの仏教宗派に属することになり（檀家制度）、仏教は民衆教化よりも法事を中心とする「葬式仏教」になり、思想としてはともかく、実践としてはあまり説得力のあるものではなくなった。

日本仏教年表

時代	世紀	出来事
奈良時代	6世紀	仏教伝来（538あるいは552） 仏教推進派の蘇我氏と仏教排除派の物部氏の争い（蘇我氏が勝つ）
奈良時代	7世紀	聖徳太子、十七条憲法を定める（604） 仏教輸入が国家事業となり、各地に寺院が建立される　**輸入** 南都六宗と呼ばれる六派の学問仏教が栄える
奈良時代	8世紀	東大寺大仏、開眼供養（752） 鑑真による日本初の正式の授戒（754）
平安時代	9世紀	最澄（767-822）、中国から法華思想を伝え、天台宗を開く 空海（774-835）、中国から密教を伝え、真言宗を開く　**密教**
平安時代	10世紀	空也（903-972）、都で念仏を広める 源信（942-1017）、『往生要集』を著し、 極楽往生と観想と口唱の念仏を説く　**念仏**
鎌倉時代	12世紀	良忍（1072-1132）、念仏が融通し合うと説く（融通念仏宗の始まり） 法然（1133-1212）、専修念仏を説く（浄土宗の始まり） 栄西（1141-1215）、中国から禅を伝える（臨済宗の始まり）　**禅**
鎌倉時代	13世紀	親鸞（1173-1262）、非僧非俗の立場で念仏を追求する（浄土真宗の始まり） 道元（1200-1253）、永平寺で禅を指導し、只管打坐を説く（曹洞宗の始まり） 日蓮（1222-1282）、法華経こそが救いであるとする（日蓮宗の始まり）　**法華** 一遍（1239-1289）、全国を遊行して念仏を勧める（時宗の始まり）
中世末期・近世	16世紀	信長、比叡山焼き討ち（1571）
中世末期・近世	17世紀	隠元（1592-1673）、中国から帰化し禅宗に新風を吹き込む（黄檗宗の始まり） 徳川政権下、人々は寺の檀家となり仏教は民衆化するが、葬式仏教化も
中世末期・近世	18世紀	臨済宗の白隠（1685-1768）、禅語（公案）を用いる修行法を大成する
近代	19世紀	曹洞宗の良寛（1758-1831）、諸国で遊行し、ひょうひょうとした生活を送る 明治政府による神仏分離令（1868）。廃仏毀釈が起こり、寺院が荒れる 僧侶の肉食・妻帯が許される（1872）
近代	20世紀	近代文献学による批判的仏教学の発展とともに、 日本仏教の相対化が始まる 国家主義を助長する仏教運動や、民衆を救済する新宗教が台頭する 禅が欧米社会に広く知られるようになる

仏教｜BUDDHISM｜17. 日本仏教にはどんな特徴があるのか？

Buddhism 18

日本の宗派②
奈良時代に学問として発達した南都六宗

6世紀末〜7世紀初めの飛鳥時代、聖徳太子は法華経をレクチャーし、三宝帰依を掲げる十七条憲法を制定する。当時の日本人としては珍しく仏教の教理を本格的に理解していたらしい。

仏教が国家を護るという思想＝鎮護国家

奈良時代の朝廷は仏教に鎮護国家の役割を求めた。それは半ばマジカルな意味で仏教が国家を護るという思想である。僧侶はそのような役割を負う官僚（官僧）であった。奈良盆地には今日も観光旅行で栄えるたくさんの寺院が建立された。それらは一種の研究機関であり、僧たちが南都六宗と呼ばれる六種の学問を研究した。

①**三論宗**は空の理論を中心とする龍樹らの思想を研究する学問であり、東大寺で研究された。

基本テキストが「中論」など三種であったので三論宗と呼ばれる。

②**成実宗**（じょうじつ）はのちに三論宗に吸収された付属的学問である。これも空にかかわりのある議論である。元興寺、大安寺がその研究所であった。

③**法相宗**（ほっそう）はインドの無著や世親らの論じた唯識哲学を扱う学問であり、興福寺や薬師寺で研究された。三論宗の空理論と法相宗の唯識とは大乗仏教哲学の二大哲学部門である。

④**倶舎宗**（くしゃ）は付属的学問であり、初期仏教系の哲学を研究し、唯識哲学者の世親の著書をテキストに用いる。東大寺、興福寺で研究された。倶舎宗はのちに法相宗に吸収された。

⑤**華厳宗**は華厳経を研究する学問であり、東大寺で研究された。奈良朝は釈迦の悟りを壮麗に記述する華厳経を重視し、悟りの本体を宇宙的ブッダである毘盧遮那仏として描く華厳経に合わせて東大寺の大仏が建造された。

⑥**律宗**は戒律を扱う学問であり、中国僧の鑑真が開いた。唐招提寺がその中心である。なお、当時すべての僧侶は東大寺戒壇院、大宰府観世音寺、下野（今の栃木県）の薬師寺のいずれかで受戒した。

南都六宗

三論宗
創始者：恵灌
研究所：東大寺南院
研究テーマ：空の哲学

> 現代でいえば認識と存在の哲学にあたる

龍樹（インド、2世紀）

法相宗
創始者：道昭
研究所：興福寺・薬師寺
研究テーマ：唯識哲学

> 現代でいえば深層心理学にあたる

無著・世親（インド、4世紀）

成実宗
創始者：道蔵
研究所：元興寺・大安寺
研究テーマ：成実論

三論の補助学問とされる

倶舎宗
創始者：道昭
研究所：東大寺・興福寺
研究テーマ：阿毘達磨倶舎論

法相宗の補助学問とされる

華厳宗
創始者：良弁
研究所：東大寺
研究テーマ：華厳経

華厳経は宇宙的ブッダと一体となった釈迦を説く。
ミクロの世界にマクロの宇宙が、一瞬の時間に永劫の時間が凝縮する（一即一切、一切即一）。

律宗
創始者：鑑真
研究所：唐招提寺
研究テーマ：鑑真の伝えた戒律

現在も宗派として残る ←

Buddhism 17

日本の宗派③
空海が中国から持ち帰った密教の宗派

　密教はインド仏教の最後期の姿である。インドの隣に位置するチベットはインドから直接に密教を移入し、かなり後代の教えや儀礼を今日に伝えている。他方、中国にも密教は伝わり、空海の師である恵果(けいか)のもとで重要な流れが合流して、それを遣唐使で研究に来た空海がまるまる日本に持ち帰った。中国密教はその後衰退し、今日密教といえば、日本とチベット（とその周辺）に残るだけである。

密教の起源はインドの大乗仏教

　密教の起源は次の通りである。大乗仏教は初期仏教よりも間口を広げて民衆の救済を大きく視野に入れたのであった。民衆はもともと神々を信仰し、祭儀や呪術による現世利益を大いに求める。仏教も次第に真言、陀羅尼と呼ばれる神秘的な呪文を開発し、大勢のブッダや菩薩の

明王や天（ヒンドゥー教の神々）のパワーを頼む信仰体系を発達させていった。インドの大乗仏教は最終的に密教となった。

空海が開いた真言宗

空海（弘法大師）（774〜835）は804年に遣唐使として中国に渡り、密教第7祖とされる恵果からわずか3か月で密教の正統的後継者として認定された。たぶん日本で私的に研究している時代に天才肌の空海は教えの大事なところを把握していたのだ。

空海はすぐに帰国し、真言宗を開き、高野山に金剛峯寺を開き、京都の東寺を天皇から賜った。空海は密教のみならず各方面で活躍し、学校をつくったり満濃池の改修を指揮したりしたが、これ自体も「総合科学」を自任する密教の世界観と密接に結びついている。

密教は日本の神々も取り込んだ

なお、密教は、法華経を中心とする教派である最澄の天台宗においても重視されている。マジカルで壮麗な儀礼は平安朝の人々の心をとらえた。また、ヒンドゥーの神々を取り込んだように、密教は日本の神々とも相互連絡をとり、以来、神仏習合が日本の宗教の基調となっている。

密教の儀礼・修行

現世利益
呪術的な世界

曼荼羅
修行の具であり
世界観を象徴する図像

金剛界曼荼羅　　　胎蔵曼荼羅

三密の行

身密
手に印契を結ぶ

口密
口に真言を唱える

意密
心をブッダに傾注する

大宇宙のブッダ（大日如来）との一体化
→即身成仏（今の身のままブッダとなる）

空海の生涯

774年、讃岐に生まれる。佐伯氏。幼名は真魚。

→ 京の大学で学ぶが仏道を志して退学し、各地で修行する。

→ 24歳で儒教・道教・仏教を比較した『三教指帰』を著す。

→ 『大日経』を見出し、密教に傾倒し、31歳で遣唐使船で唐へ。

↓

半年ほど長安の青竜寺で恵果に学び、密教の秘法を授かる。

← 2年で帰国、密教伝授の意義を最澄に認められ社交界デビュー。

← 宗教・世俗両面にわたって活躍し、『十住心論』『秘蔵宝鑰』など大量の著作を行なう。

← 835年、60歳で高野山金剛峰寺で永遠の禅定に入る。

> 讃岐の満濃池の改修事業を指導。
> 社会の救済も行なうのが密教の精神

Buddhism 20

日本の宗派④
地獄行きの不安から人々を救った浄土信仰の宗派

　平安朝末期、古代律令制が崩れて再び武力が現実社会を支配する時代が訪れると、地獄行きの不安と、世界の劣化の思想——末法思想——が人々の心を捉えた。

　天台僧の源信は『往生要集』の中で地獄を描写し、極楽往生の技法の一つとして念仏——「南無阿弥陀仏（私は阿弥陀ブッダに帰依します）」と唱えること——を推奨した。

念仏だけで救われると説いた法然

　念仏をさらに強調したのがやはり比叡山で天台の教理を学んでいた法然だ。劣化した時代には人々の能力が衰えているので、悟りの修行など行なえない。だから、救済者にすがるしかないのだが、その中でも容易なのは念仏である。

念仏するだけで、凡夫は救済される（専修念仏）。改めて考えてみよう。仏道修行の本質は、自己の煩悩の除去、自己中心からの脱却にある。自我へのこだわりが無くなれば、その人の心はいわばユートピア（浄土）にワープ（往生）しているも同然だ。

　自己中心からの脱却は、坐禅のような修行を通じて行なうこともできるが、阿弥陀のような「カミサマ」に自己を委ねるという裏ワザもある。武士には坐禅が似合っているかもしれない。しかし、一般庶民には念仏のほうが近道になる。

浄土真宗の開祖となった親鸞

　　　浄土信仰としては、法然の弟子である親鸞もまた重要な理論家だ。念仏が弾圧されたとき、親鸞は流罪となり、しかも僧籍をはく奪された。彼は妻子をもち俗人として暮らすことになった。この立場では、教団のヒエラルキーももはや無意味である。人は自らの地位も能力も善行すらも頼みとすることなく、ひたすら絶対者・阿弥陀の救済の働きを中心とする世界観の中で生きるべきである。念仏は自己の救いを買い取る手段ではない。

　念仏も自分のワザではなく阿弥陀の他力だと思えるほどの心境に達した人は、死後の救い（極楽往生）も修行の達成（成仏）もコダワリの対象ではなくなっているだろう。

日本の浄土信仰

源信
(942〜1017)

- 『往生要集』を著して、極楽往生を説く。

> 『往生要集』：八大地獄の紹介でよく知られている

良忍
(1072〜1132)

- 融通念仏宗の開祖
- 「南無阿弥陀仏」と口で唱える口称念仏を日課とするように勧める。

法然
(1133〜1212)

浄土宗の開祖

- 天台宗の僧侶。中国浄土信仰の大成者である善導 (613-668) の著書によって開眼する。
- 1186年、念仏をめぐる討論会 (大原問答) で阿弥陀の誓いの趣旨を説き、有名となる。
- 1198年、『選択本願念仏集』を著し、阿弥陀の慈悲心による願いのおかげで、念仏に専念する者はみな極楽に往生できると説く (専修念仏)。法然の人気に既成仏教界は危機感を抱く。1207年、四国に流罪 (のち赦される)。
- 1212年に弟子・源智に『一枚起請文』(教義の要点) を与え、死去する。

親鸞
(1173〜1262)

浄土真宗の開祖

> 「浄土真宗」の呼称は明治になってから

- 法然の弟子として僧籍をはく奪され、越後に流罪となるが、「愚禿」と称し、妻子をもつ非僧非俗の立場で信仰を追究した。
- 主著は阿弥陀の救済について体系的に考察した『教行信証』。
- 『歎異抄』は弟子の唯円が師を回顧して書いたもので、自己の努力で救済を勝ち取るという発想を徹底的に排除した絶対他力の思想が端的に読み取れる。

『歎異抄』の名言

- 念仏のせいで浄土に生まれるのか、地獄に堕ちるのか、私は知らない。法然に騙されたのだとしても、私はいい。そもそも私には地獄行きの可能性しかなかったのだから。……これが愚かな私の信心だ。念仏を信じることにしようとしまいと、あなたの勝手だ。(第2章)
- 善人だって往生できるのだから、悪人が往生できて当然だ。善人は自力の善で往生しようとするから、阿弥陀の救済の意図に合わない。そんな奴でも自力を諦めることで本当の浄土に行ける。我々悪人は煩悩から逃れようがないのだから、阿弥陀の意図に合う。それにおまかせする悪人が往生するのは当然だ。(第3章)
- 私が亡き父母の追善供養のために念仏したことは一度もない。(第5章)
- 私には一人も弟子はいない。念仏は私のはからいではなく、阿弥陀のはからいなのだ。(第6章)

一遍
(1239〜1289)

時宗の開祖

- 捨聖 (すべてを捨てた聖者) と呼ばれ、「南無阿弥陀仏……」と書いた念仏札を配りながら全国を遊行。
- エクスタシーの中で踊りながら念仏を唱える踊念仏を流行させる。

Buddhism 21

日本の宗派⑤
法華経こそが救いだと説く法華信仰の宗派

平安末期の日本仏教は「救いの道の一本化」へ向う

　禅宗では自力の行である坐禅に仏教を特化させ、浄土信仰では阿弥陀の他力に対する信仰に仏教を切り詰めた。この時代の日本は、インド以来千年かけて複雑化していった仏教の教理を現実の乱世の中で生かすために、思想の本質を「選択」し、一本化したいというモチベーションが高かったようだ。

　比叡山で学んだ日蓮もまた、同様の思考のラインに沿って、法華経こそが救いであるという解を導いた。ここには系譜への信仰がある。天台宗の開祖・最澄以来、釈迦の教えの中心は法華経であるとされている。中国の学僧・智顗が釈迦の教えの本質が法華経にあると論じたからである。そしてその法華経は、釈迦がこの世界（娑婆世界）の永遠のリーダーであること、人々は自覚的に法華経を奉じ、また菩薩として

努力すべきことを説いている。

「南無妙法蓮華経」と唱えることの意味

法華経には無数の衆生がさまざまな機縁によって修行に向かい、成仏を目指している様子が描かれている。この全体を見渡す位置にいるのが釈迦である。人間はみな釈迦のビジョンに準じて悟りをひらくことができる。

法華経はこうした宇宙の実相を諸法実相という言葉で説き、智顗はあらゆる人の一念のドアが地獄からブッダまでの世界に通じていることを一念三千という言葉で説いた。そしてこのドアを開く鍵となるものとして、日蓮は「南無妙法蓮華経（私は法華経に帰依します）」という唱題を説いた。

法華信者は社会に積極的にかかわろうとする

念仏、禅、密教など他の宗派を批判した日蓮は、鎌倉幕府から弾圧された。日蓮はこの弾圧も法華経に予言されたことと考え、ますます信念を深めた。

法華信者は社会に積極的にかかわろうとする意欲が高い。明治以降は、国家主義と結びついたり、民衆救済の新宗教（霊友会、立正佼成会、創価学会など）を生み出したり、宮沢賢治の描く社会奉仕の詩的ビジョンをもたらしたりなど、多様に開花している。

法華経の信仰の歴史

インド
(1〜2世紀)
- 現在のパキスタンのあたりで、大乗経典の法華経が書かれる。
- 万人の救済(成仏)、菩薩行への邁進、久遠の釈迦が説かれた熱い信仰の書である。

鳩摩羅什
(344〜413)
- 西域出身の仏僧・鳩摩羅什が流麗な漢文で法華経(『妙法蓮華経』)を訳す。

智顗
(538〜597)
中国
- 教相判釈により法華経を最重要の経典と見なす。
- 個人の一念の中に地獄からブッダまでの三千の世界があるという一念三千説を説く。

聖徳太子
(574〜622)
- 法華経をレクチャーする。以降、日本では法華経が常に尊崇されることになる。

最澄
(767〜822)
天台宗の開祖
- 法華経を最重要経典とする。天台宗の本山、比叡山延暦寺は仏教の総合大学として優秀な僧を輩出する。

> 天台宗では密教も行なう

日蓮
(1222〜1282)
日蓮宗の開祖
- 比叡山に学び、今の時代、日本の地で救済となるものが、久遠の釈迦が人々に託した法華経の信仰であることを確信。
- 仏教界が本筋を失ったことで、社会に自然災害や社会的害悪、他国の侵略などのトラブルが頻出していることを幕府に訴える(『立正安国論』)。
- 他に、一念三千の法門がベースにあるがゆえに法華経こそが救いであると論じた『開目抄』、「南無妙法蓮華経」を唱えることで法華経の功徳が受けられるとする『観心本尊抄』など著作多数。

> 実際に蒙古軍がやってきた。暴風雨によって敗退!

題目 南無妙法蓮華経

> 題目とはタイトルのことで、「妙法蓮華経」というブックタイトル。あるいは「南無妙法蓮華経(私は法華経に帰依します)」というフレーズを指す。これを唱えるのを唱題という(一種の念仏)。

三大秘法
末法時代の人間を救う三つの重要な教え

①本門の本尊
文字の曼荼羅
(大曼荼羅本尊)

②本門の戒壇
いずれかの地に建立される戒壇

③本門の題目
「南無妙法蓮華経」

Buddhism 22

日本の宗派⑥
中国で生まれ、日本の武士に好まれた禅の宗派

　1950年代に鈴木大拙が大々的に紹介して以来、ゼン・ブディズムの名は世界中に知られるようになり、現代世界の宗教状況に大きな影響を与えている。欧米人は禅を日本を窓口にして知ったが、禅宗を生んだのは中国であった。

インドの「ディヤーナ」が中国の「禅」に

　インド仏教では精神統一をディヤーナと呼んだ。これが中国語の禅（チャン）の語源である。この瞑想の伝統はすっかり中国化して禅宗となった。インド人は複雑な哲理を説いたが、中国人は直観的な表現やロジックを好む。禅語録は禅の修行者たちの詩的な詠嘆や問答を集めたものである。禅には清規という独自の戒律がある。インドの僧は農作業など世俗の労働はしないが、

禅僧は作務としてこれを行なう。

日本に禅を輸入し臨済宗を開いた栄西

　天台僧である栄西は日本に禅を輸入して、鎌倉幕府の庇護のもとで臨済宗を開いた。京都の建仁寺や鎌倉の寿福寺は栄西の創建した寺である。

曹洞宗を開き永平寺を創建した道元

　道元も比叡山で学び中国で禅を修行した僧である。彼は永平寺を創建し、思想書として有名な『正法眼蔵』を著した。道元は修行そのものが悟りであるとし（修証一如）、ひたすら座ること（只管打坐）のうちにブッダが実現するとした。

中国から来日し黄檗宗を開いた隠元

　江戸時代に中国臨済宗の禅僧、隠元が来日し、黄檗宗を開き、厳しい清規の実践によって一世を風靡した。

　シンプルに死を超越する心を開発する禅は、生きるか死ぬかという状況に絶えず身を置いている武士の間で流行したのみならず、美術、俳諧、茶道など、さまざまな文芸に影響を与えており、高尚なレベルの日本文化を支えるバックボーンであり続けている。

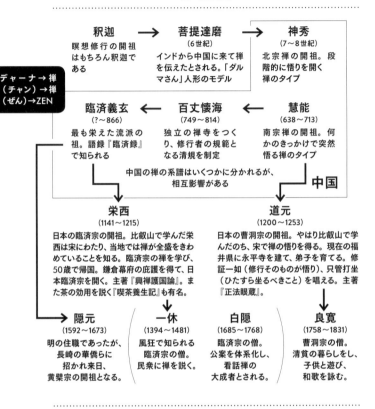

column 映画の中の宗教

『リトル・ブッダ』『ブッダ』『釈迦』

　ベルトルッチ監督の『リトル・ブッダ』(1993年)は、現代アメリカ人の子供がチベット僧の転生とされるという映画だが、その中の挿入ファンタジーとして、出家から成道までの釈迦の道程が描かれている。ブッダ役はキアヌ・リーブスだ。

　釈迦の生涯は十字架上に死んで復活するキリストほど派手ではないので、一本の映像ドラマには仕立てにくい。手塚治虫の漫画『ブッダ』(1972〜83年)のように、作家自身のさまざまな空想的エピソードで話を盛り上げる必要がある。手塚の『ブッダ』は現在第二部までアニメ映画化されている。

　三隅研次監督作品の『釈迦』(1961年)は、『ベン・ハー』などハリウッドのスペクタクル歴史ファンタジーに対抗して作られた大作だが、これも仏典中で悪役として知られる提婆達多との対決をメインドラマとしており、王妃ヤショダラーが提婆達多に強姦されるという派手な仕立てによりアジアの仏教諸国から批判された。このあたりの感覚の差は世俗化した日本と伝統的アジアとの違いであり、釈迦その人を必ずしもメインとしない大乗仏教と、釈迦こそがすべてであるテーラワーダ仏教との違いでもあるだろう。

第 2 章

キリスト教
Christianity

THE THREE GREAT RELIGIONS
OF THE WORLD

Christianity 1

キリスト教とは
どんな宗教か？

約2000年前にユダヤ教から派生した

　キリスト教は、今から約2000年前にユダヤ教から派生した宗教だ。ユダヤ教が一神教であるようにキリスト教も一神教である。つまり、天地創造の神を信じ、この神が人間に慈愛と裁きのまなざしを向けていると信じる。

イエスという人物が救世主だったと
信じる人々が起源

　ユダヤ教にはメシア（救世主）を待望する信仰があった。救世主とは、ひどい世の中を善くしてくれるヒーローである。
　そして、今から2000年前にパレスチナの地で教えを説いて殺されたイエスという人物こそがそのメシアであったと信じる者たちが、自分たちの集まり、つまり教会をつくった。これがキリスト教の起源である。キリスト（クフリストス Christos）とはメシアにあたるギリシャ語である。

隣人愛の教え

　もちろんイエス・キリストは殺されてしまったくらいだから、ヒーローといってもスーパーマンのような強者ではなかった。政治的指導者でも王者でもなかった。

　しかし、彼は、新しい時代の模範のような人物であった。彼が種を蒔いた「神の国」はやがて未来において実を結ぶだろう。彼は新時代を画する人間であり、神そのものだった——というのが、信者の解釈である。

　「神の国」の教えとは、簡単に言うと愛（隣人愛）の教えである。信者はこの愛を実践する。神であるキリストは死後に復活し、今は天にいる、と信者は信じる。その天のキリストに恥ずかしくないような人生を送らなければならない。そして死後には、人はキリストの前に裁かれるのである。

三大宗派＝東方正教会、カトリック教会、プロテスタント

　キリスト教は4世紀にローマ帝国の国教となり、以降、ヨーロッパ各地へ、そして新大陸へと広まった。現在、東欧では東方正教会、南欧と中南米ではカトリック教会、西欧と北米ではプロテスタントが主流の宗派となっている。

イエスとキリスト教の信仰の始まり

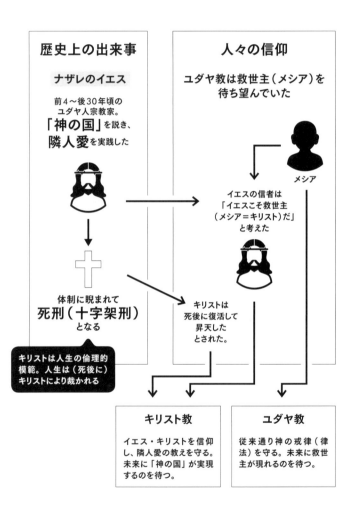

※メシアはヘブライ語（古代ユダヤ人の言語）、
　キリストはギリシャ語（当時の国際通用語）、意味はどちらも「救世主」

Christianity 2

三つの神が単一の神でもあるという「三位一体説」が特徴

一神教なのに神が複数?

ユダヤ教はヤハウェ、エローヒーム、主などと呼ばれる天地創造神を信仰する一神教であった。ユダヤ教から派生したキリスト教も、当然、一神教である。

しかし、キリスト教においては救世主であるイエス・キリストを「神と崇めて」信仰する。では、ユダヤ伝来の天地創造神とキリストなる神との関係はいったいどうなっているのだろうか?

三つの神が単一の神だという教理

ローマ帝国時代のキリスト教会が出した結論は、「ユダヤ伝来の神もキリストなる神も同一である」というものであった。ただし、その役割あるいは働きは異なる。キリスト教会では、聖霊(今現在の信者の心に働きかける神)も加

えて、三つの神が「位格(ペルソナ)は異なるが本質は同じ」である単一の神であるという結論を出した。これを三位一体説という。

三位一体とは、
①**父なる神**………旧約聖書に書かれたユダヤ伝来の神(ヤハウェ)
②**子なる神**………イエス・キリスト
③**聖霊なる神**……信者に霊感を与えるもの
が三にして一、一にして三であるという教理である。論理的にはナンセンスだが、信者はこれを神の奥義として、理性ではなく信仰によって受け止める。キリスト教会は基本的にどの宗派も三位一体説を受け入れている。

ヤハウェが「父」でキリストが「子」

ヤハウェが「父」でキリストが「子(息子)」と呼ばれるのは、福音書の中でイエスが天の神のことを「父」と呼んでいることによる。なお、「子」であるキリストは、神であると同時に、人間としての性格をもっている。

三位一体（三つの位格、一つの神としての本質）

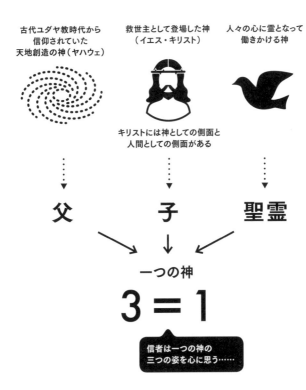

古代ユダヤ教時代から信仰されていた天地創造の神（ヤハウェ）

救世主として登場した神（イエス・キリスト）

人々の心に霊となって働きかける神

キリストには神としての側面と人間としての側面がある

父　子　聖霊

一つの神

3 = 1

信者は一つの神の三つの姿を心に思う……

ちなみに……

ブッダにもさまざまな姿がある

法身
真理そのものとしてのブッダ

応身（化身）
救済者として現れたブッダ

報身
修行して実現したブッダ

Christianity 3

教典①
キリスト教の教典は旧約聖書と新約聖書

キリスト教の教典を聖書（英語 Bible）と呼ぶが、これは旧約聖書（Old Testament）と新約聖書（New Testament）の二部からなる。

ユダヤ教典をそのまま受け継いだのが旧約聖書

旧約聖書はユダヤ教典と基本的に同じものである。キリスト教はユダヤ教から派生した宗教なので、教典をそのまま受け継いだ。旧約聖書には天地創造について書いた創世記や、イザヤ書などのさまざまな預言書、詩編などが含まれる。

メインの教典は新約聖書

しかし、キリスト教のメインの教典は新約聖書のほうである。これは開祖のイエス・キリストの伝記である四種の福音書（マタイによる福

音書、マルコによる福音書、ルカによる福音書、ヨハネによる福音書）や、キリストの弟子たちの言行録（使徒言行録）、孫弟子にあたるパウロという宣教者が諸教会に宛てて書いた神学的な手紙類、そして世界の終末を描いているとされるヨハネの黙示録などをセットにした本である。

　以上をまとめると、キリスト教の教典は「聖書」であり、その中でもとくに新しい「新約聖書」が大事であり、さらにその中でもとくに開祖の伝記である「福音書」が中核をなすということになる。

神との契約の更新

　キリスト教の歴史観によると、天地創造の神がまずユダヤ民族に神の戒律（律法）を与え、これを守ることを神と人間との契約としたが、ついに時が満ちて、律法にかえてイエス・キリストを信仰することを神と人間との新しい契約とすることになった。

　それで、ユダヤ教時代の教典を「神との旧い契約」という意味で旧約聖書、キリスト教時代の教典を「神との新しい契約」という意味で新約聖書と呼ぶのである。

聖書（Bible）

ユダヤ教の「聖書」

ユダヤ教典
「タナハ」

本来はヘブライ語で書かれているが、ギリシャ語版もある。

↓

Ⅰ.律法
（モーセ五書）
創世記、出エジプト記、レビ記、etc…

Ⅱ.預言者
イザヤ書、エレミヤ書、etc…

Ⅲ.諸書
詩編、ヨブ記、箴言、etc…

- マタイによる福音書
- マルコによる福音書
- ルカによる福音書
- ヨハネによる福音書

- 使徒言行録

- ローマの信徒への手紙
- コリントの信徒への手紙1、2
- ガラテヤの信徒への手紙
- エフェソの信徒への手紙
- フィリピの信徒への手紙
- コロサイの信徒への手紙
- テサロニケの信徒への手紙1、2
- テモテへの手紙1、2
- テトスへの手紙
- フィレモンへの手紙

- ヘブライ人への手紙
- ヤコブの手紙
- ペトロの手紙1、2
- ヨハネの手紙1、2、3
- ユダの手紙
- ヨハネの黙示録

キリスト教の「聖書」

→ **旧約聖書**
Old Testament

ユダヤ教典とほぼ同じ内容。
書の順序が一部異なる。
現行のユダヤ教典に含まれない書が「続編」として含まれている。

| キリスト教徒は、これを神との「旧い契約」と考える。 | ＋ | キリスト教徒はこれを神との「新しい契約」と考える。 |

新約聖書
New Testament

キリスト教徒の新しい文献。

福音書
開祖キリストの伝記。
4種ある。

使徒言行録
（使徒行伝）
キリストの弟子やパウロの活躍記。

パウロの手紙
神学的な内容の手紙類
（別人の手紙も入っている）。

その他
終末を描いた
ヨハネの黙示録など。

Christianity 4

教典②
開祖イエスの伝記「福音書」は四種ある

マタイ、マルコ、ルカ、ヨハネの四種

　　　　キリスト教徒にとって聖書のコアは新約聖書であり、その新約聖書のコアは福音書である。福音書には四種ある。マタイによる福音書、マルコによる福音書、ルカによる福音書、ヨハネによる福音書だ。それぞれ昔の文語訳では「マタイ伝（福音書）」のように呼ばれた。マタイという使徒が伝えた福音書という意味だ。

　福音書は開祖イエス・キリストの伝記である。イエスという救世主の出現が「グッド・ニュース」だということで、これをギリシャ語でエウアンゲリオン（「良い知らせ」、英語化して evangel）と呼んだ。英語ではゴスペル（gospel）ともいう。中国ではこれを「福音」と訳したので、日本でもこの言葉を用いている。

福音書が四種もあるのは教会内の見解の違いから

なぜイエスの伝記が四種もあるのかというと、初期の教会の事情による。イエスが十字架刑に処されたのは西暦紀元30年頃とされる。そのあと信者たちはイエスについての断片的な伝承を聞いて信仰していた。

西暦60年を過ぎたあたりで（あるいはもっと後に）ある人物が、イエスに関する断片的伝承をまとめて一冊の物語にした。これが今日「マルコによる福音書」と呼ばれている書物である。

教会の別の派閥の人々は、「マルコによる福音書」を編纂しなおして、独自の資料もつけ加えて、「マタイ」と「ルカ」を書いた。さらに別の派閥が独自資料から「ヨハネ」を書いた。その後も続々と福音書が書かれたが、だいぶ荒唐無稽な内容になっていったので、それらについては正典のうちに含まれなかった。

主な内容はイエスの誕生、伝道、死と復活

福音書の内容は、概ねイエスの誕生（マルコとヨハネには欠けている）、イエスの伝道の様子（民衆の病気を治したり12弟子を定めたり）、そして体制に睨まれて裁判にかけられ、十字架上に死んで、その後に復活したというものである。

福音書の成立

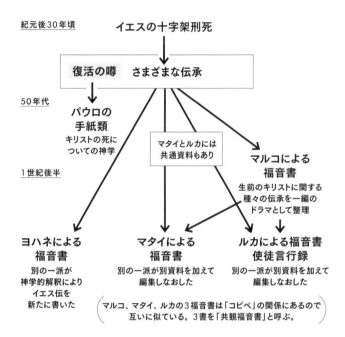

四福音書のストーリーの流れ

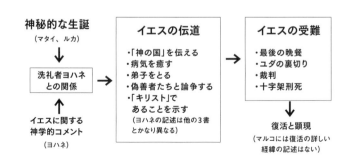

Christianity 5

開祖の生涯①

イエスの生誕をめぐる物語

ローマ帝国支配下のパレスチナに生まれる

開祖はイエスである。出身地の地名を添えて「ナザレのイエス」とも呼ばれる。イエスは紀元前4年に生まれたと推定されている。場所はパレスチナ。ユダヤ教徒が住んでおり、ユダヤ系の王もいたが、ローマ帝国の支配下にあった。

イエスはユダヤ教徒の両親に育てられたから、当人もユダヤ教徒だ。生誕についてはマタイによる福音書とルカによる福音書に記されているが、細部に食い違いがある。いずれも神話化された伝承を物語風にまとめたものだからだ。

処女から生まれたという伝説

いずれも母マリアは処女のまま聖霊によって妊娠したとしている。偉人が処女から生まれるというのは世界中にある伝説だが、そのパターンを踏んでいる。

マタイでは婚約者ヨセフが夢のお告げで妊娠を知るが、ルカによれば大天使ガブリエルが母マリアに告げている。ここで天使がマリアを祝福して言った言葉が歌になっている「アヴェ（おめでとう）・マリア」である。

イエスはユダヤ地方の町ベツレヘムで生まれる。ダビデに縁のあるベツレヘムは救世主が生まれるべき場所として知られていたので、そういう話になったのではないかといわれている。マタイでは占星術の学者たちがやってきて贈り物を捧げる（いわゆる東方の三博士だが三人とは書いていない）。ルカでは羊飼いが拝みに来る。

幼児虐殺から逃れてエジプトへ避難

マタイでは、この地を治めていたヘロデ王が「ユダヤ人の王が生まれる」という占星術師の言葉を恐れて、地域の幼児虐殺を命じる。イエスの一家はエジプトに逃避し、ヘロデが死んでから帰還する（ユダヤを避けて北方のナザレに向かう）。

ルカでは、イエスはエルサレムの神殿に奉献され、祝福を受けている。このあと一家はナザレの自宅に戻る。

イエスの誕生物語

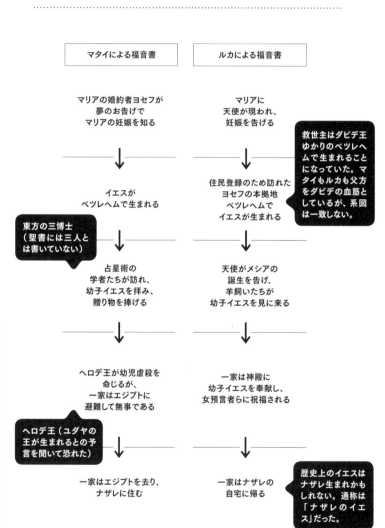

Christianity 6

開祖の生涯②
宗教活動を始めたイエス

30歳頃に宗教家として活動を始める

イエスは30歳頃に宗教家として活動するようになったようだ。家業は「大工」といわれるが、厳密には家具製作などを含む木材加工業であったらしい。大工は材料を計ったり設計したりする知的職業である。あちこちに行って仕事を請け負うこともあったから地理に明るかっただろう。イエスは知識人として（今日のユダヤ教のラビのように）集会所で人々に聖書を説く経験を積んでいたのかもしれない。

洗礼者ヨハネの宗教運動に参加？

彼が独立の宗教家となる前に、洗礼者ヨハネという人物の宗教運動に参加していたらしい。ヨハネは預言者風の人物で、人々に罪の告白をさせ、悔い改めのしるしとしてヨルダン川で洗礼を施すという運動を行なっていた。水で罪を

清めるのは、日本にもある発想であるが、ヨハネはこれを一生に一度の「生まれ変わり」の象徴にしたようだ。

イエスはヨハネから洗礼を受ける。後世のキリスト教会としては神の子に先輩がいるというのは奇妙であった。そのため福音書によっては記述を変更して、ヨハネがイエスの師ではないと読めるようにしてある。

最も古い福音書であるマルコによる福音書では、イエスはただヨハネから洗礼を受ける。マルコをもとに編纂しなおしたマタイでは、ヨハネは辞退し、イエスが公式通りやってほしいと依頼する。同じくマルコを編纂しなおしたルカでは、洗礼シーンの前にヨハネ逮捕の記事を置いて、イエスが誰から洗礼を受けたのかはっきりしないようにしてある。ヨハネ福音書では、イエスは洗礼を受けていない。

ヨハネの逮捕によって独立

洗礼者ヨハネは（幼児虐殺の）ヘロデ大王の子であるヘロデ・アンティパスによって逮捕された。イエスは独立した。荒野で説教するヨハネとは異なり、村々に入って教えを説きはじめたのである。ヨハネはその後処刑された。

イエスの洗礼

福音書によると、
イエスが受洗すると、
天から聖霊が降り、
「お前は私の子」という
天の声がした。
これにより、三位一体の父、子、
聖霊がそろったわけである。

父　聖霊　子

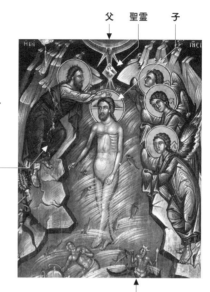

洗礼者ヨハネ

イエスの先駆者のような
宗教家。
罪の悔い改めを求め、
ヨルダン川で
洗礼を施していた。
伝統的にらくだの皮衣を着て
皮の帯を締めている
野人といった
感じに描かれる。

ヨルダン川

パレスチナの東方を
北から南に流れ、
死海に注ぐ川。
ヨルダン川の西方に
聖地エルサレムがあり、
東方に今日のヨルダン国がある。

イエスの主な活動地域は
ガリラヤ湖の周辺

キリスト教 | CHRISTIANITY | 6. 宗教活動を始めたイエス

Christianity 7

開祖の生涯③
イエス、悪魔の誘惑を退ける

釈迦もイエスも「悪魔に誘惑された」という物語を持つ

　福音書によれば、イエスは世に出る前に悪魔の誘惑を受けている。似たようなモチーフは仏典にもある。仏典では、釈迦が煩悩を克服せんとするとき、悪魔たちが現れて邪魔をする。もし人々が煩悩を抑えるすべを知ってしまったら、悪魔業が廃業になるからだ。しかし釈迦は悪魔の誘惑を退け、ブッダとなる。

　イエスもまた、サタン（悪魔）の誘惑を克服する。釈迦の場合と同様、信者に対して信仰の心構えを確認するための心理劇となっている。

　マルコによる福音書によると、洗礼を受けたあとにイエスは荒野に行き、40日間そこにとどまる。サタンの試みを受け、野獣と共生し、天使たちに仕えられる。マルコの記事はそれだけで、悪魔がどうやって誘惑したのかは書かれて

いない。

信仰とはどのようなものか?

マタイとルカには(順番は異なるが)三つの誘惑が書かれている。信仰が物欲を超えたものであり、かつ、天使や悪魔と取引するようなものではないということを描くものだろう。

①断食のあとイエスが空腹を覚えると、悪魔が「石をパンに変えてみろ」と言う。イエスは(旧約)聖書を引用して「人はパンのみに生くるに非ず」と答える。
②悪魔がイエスをエルサレム神殿の屋根の端に立たせ、「神の子なら飛び降りてみろ」と言う。天使が支えてくれるかどうか試してみろということだ。イエスは「神を試してはいけない」と答える。これも聖書の引用だ。
③悪魔がイエスを高い山に連れていき、万国の繁栄ぶりを見せて言う。「私を拝むなら、これらをみな与えよう」。イエスは「サタンよ退け」と言い「ただ主(=神)に仕えよ」と聖書を引用して言う。

悪魔の三つの誘惑

Christianity 8

開祖の生涯④
イエスの「病気治し」

信仰治療師イエス

　　福音書の記事で非常に目立つのは病気治しのシーンが多いことである。イエスは、民衆の中で教えを説いたが、民衆にとっては言葉の説教よりも、端的に現実の苦しみを解放してくれるほうがありがたかったようだ。

　　イエスは中風、婦人病、盲目、皮膚病などさまざまな病気を癒す。あくまでこれは伝承であり、史実がどうであったかは分からない。少なくとも言えることは、近代以前の社会において、民衆の間で神や愛の教えを説くとなると、病気の相談に応じないわけにはいかなかったということだ。近代的な医療機関など存在しないのである。

社会の底辺に寄り添う

　　イエスは民衆のために働いた。福音書の記述

では、もっともらしい説教抜きで、無料で癒している。社会の底辺に寄り添うというのが、イエスの「神の国」の教えだったということが分かる。

それゆえ、イエスはまた、当時の社会では「罪人」と思われていたような人々とも平気で交わった。たとえばローマやその現地傀儡政権の下請けで通行税や市場税を取り立てていた徴税人という人々がいる。彼らは地元民を裏切った者たちであり、しかも私腹を肥やしていた。こういうのは罪人であるが、イエスは気にしていないし、弟子にも迎えている。

イエスはまた、娼婦らしき女性たちを断罪することもない。むしろ赦しを与え、行動を共にするのを許している。また、ユダヤ教の規則であった、安息日の順守についても緩やかに解釈しており、断食の習慣も守っていない。

隣人愛に満ちた社会が実現されればそれが「神の国」

他人を裁くような真似をせずに隣人愛をもって暮らす。そのような社会が実現されればそれが「神の国」だ。イエスの宣教の言葉は「時は満ち、神の国は近づいた。悔い改めて福音を信じなさい」であった（マルコによる福音書）。

「神の国」の始まり

「神の国」の始まり ‥‥ イエスの生涯

イエス「時は満ち、神の国は近づいた。悔い改めて福音を信じなさい」
（マルコによる福音書1章）

夕方になって日が沈むと、人々は、病人や悪霊に取りつかれた者を皆、イエスのもとに連れて来た。……イエスは、いろいろな病気にかかっている大勢の人たちをいやし……。
（マルコによる福音書1章）

信仰

ファリサイ派の律法学者は……弟子たちに、「どうして彼は徴税人や罪人と一緒に食事をするのか」と言った。イエスはこれを聞いて言われた。「医者を必要とするのは、丈夫な人ではなく病人である。わたしが来たのは、正しい人を招くためではなく、罪人を招くためである。」
（マルコによる福音書2章）

未来

「神の国」の実現

Christianity 9

開祖の生涯⑤

イエスは金持ちと偽善者に厳しかった

　イエスは、民衆の世話をし、「罪人」と付き合っていたが、金持ちには厳しいと思われる言葉も語り、神殿の祭司や宗教的指導者たちにははっきりと非難の言葉を投げつけている。

「金持ちが神の国に入るよりも、らくだが針の穴を通るほうがまだ易しい」

　ある金持ちが「永遠の命」を受け継ぐにはどうしたらいいかとイエスに尋ねた。イエスは「殺すな、姦淫するな、盗むな」など、一般的な戒律（モーセの十戒）を守れと答える。相手は「それなら守っている」と答える。すると、イエスは「持ち物を売り払い、貧しい人々に施しなさい」と言う。相手は気落ちして帰ってしまう。

　イエスは「金持ちが神の国に入るよりも、らくだが針の穴を通るほうがまだ易しい」とコメ

ントする。弟子はびっくりする。「金」こそが「幸福」であり「救い」だという通念があったからだろう（マタイによる福音書19章）。

ユダヤ教の律法学者たちへの批判

　イエスがはっきりと非難した相手は偽善者だ。当時のユダヤ人の精神・倫理世界を取り仕切っていたのは、ファリサイ派と呼ばれる巷の道学者たちである。彼らはユダヤ教の聖書や律法に詳しく、ことこまやかに戒律を数え上げ、神経質に規則を順守しない者を「罪人」と見なして差別する傾向があった。今日でいう原理主義者である。

　イエスの侮蔑の言葉には次のようなものがある。ファリサイ派や律法学者は、集会所の上席について挨拶されるのが好きだ。見せかけの長い祈りをする。重荷を人に負わせて自分では負わない。天の国の鍵を閉ざして自分が入らないだけじゃなく、他人も天国に入れない。儀礼は守るが、正義と慈悲をないがしろにする。外見はきれいだが、中は強欲や悪意に満ちている。過去の預言者たちを殺した手合いの子孫でありながら、預言者たちを祭り上げている。

　宗教的な敬虔さは偽善をもたらしがちである。偽善者は「神の国」には行けないのである。

金持ちとイエス

イエス

持ち物を売り払い、貧しい人々に施しなさい

金持ちが神の国に入るよりも、らくだが針の穴を通るほうがまだ易しい

（マタイによる福音書19章）

偽善的な人々とイエス

イエス

律法学者たちとファリサイ派の人々、あなたたち偽善者は不幸だ

（マタイによる福音書23章）

| 集会所の上席について挨拶されるのが好きだ | 見せかけの長い祈りをする | 重荷を人に負わせて自分では負わない | 儀礼は守るが、正義と慈悲をないがしろにする |

| 改宗者を地獄の人間にする | 天の国の鍵を閉ざして自分が入らないだけじゃなく、他人も天国に入れない | 外見はきれいだが、中は強欲や悪意に満ちている。白く塗りたくった墓のようだ | 過去の預言者たちを殺した手合いの子孫でありながら、預言者たちを祭り上げている |

Christianity 10

イエスの有名な言葉
「山上の垂訓」から①

マタイによる福音書は説教を中心に編集されており、とくに5～7章では、山に登って群衆に向かってまとめて教えを説いている。これは古来「山上の垂訓（説教）」として有名な個所で、ふだん聖書を読まない信者でも、ここだけは読んでいるという人が多いともいわれる。

自分自身が率先して善い人間になれという教え

「心の貧しい人々は、幸いである、天の国はその人たちのものである」。

ルカの記すところでは「貧しい人々は、幸いである」なのであるが、マタイはこれを精神的にバージョンアップして、心（霊）の次元において貧困を自覚している者こそが幸いだというニュアンスで伝えている。

つまり、貧乏であることを恥じるのではなく、同じ恥じるなら霊的に貧しいことを恥じ、そしてその貧しさを自覚することで、むしろ神に嘉される者となれ、ということだ。

ここには発想の転換がある。信者は世に愚痴をこぼすのではなく、自分自身が率先して善い人間になるべきなのだ。「あなたがたは地の塩である」。この「地の塩」とは有益なもののこと。「あなたがたは世の光である」

　主体性が大事であることは「人を裁くな」「人にしてもらいたいと思うことは何でも、あなたがたも人にしなさい」（いわゆる黄金律）といった言葉にも表れている。

敵を愛せ

　「だれかがあなたの右の頬を打つなら、左の頬をも向けなさい」。

　もちろん、頬を打たれて文字通り反対側の頬を出す人はいないだろう。ポイントは「やられている」受け身の態度から「やってやる」積極的態度に転じるというところではないだろうか。「やってやる」といっても、殴り返すというのではなく、敵とは正反対の贈り物をして、敵の意図を無にしてしまうのだ。「敵を愛し、自分を迫害する者のために祈りなさい」

山上の垂訓①

心の貧しい人々は、
幸いである、
天の国はその人たちの
ものである

あなたがたは
地の塩である

あなたがたは
世の光である

人を裁くな

人にしてもらいたいこと
は何でも、
あなたがたも
人にしなさい

だれかがあなたの
右の頬を打つなら、
左の頬をも向けなさい

敵を愛し、
自分を迫害する
者のために祈りなさい

Christianity 11

イエスの有名な言葉
「山上の垂訓」から②

俗な思いを断て

　　　偽善者たちはみなが見ているところで祈る。しかし、それではいけない。誰も見ていないところで祈れるようでなければ祈りではない。
「あなたが祈るときは、奥まった自分の部屋に入って戸を閉め、隠れたところにおられるあなたの父に祈りなさい」
　イエスは祈り方の見本を示している。主の祈りと呼ばれるものだ。文語で紹介しよう。
「天にまします我らの父よ、願わくは御名の尊まれんことを、御国の来たらんことを、御旨の天に行わるるごとく地にも行われんことを。我らの日用の糧を今日我らに与えたまえ。我らが人に赦すごとく、我らの罪を赦したまえ。我らを試みに引きたまわざれ、我らを悪より救いたまえ」

金持ちは天国に遠い

　　　俗な思いはだめだ。金持ちは天国に遠い。だ

から「あなたがたは、神と富とに仕えることはできない」とも説かれる。「富は、天に積みなさい」。

近代になって資本主義が当然の社会になると、富は成功の証であり、成功は神の思し召しとして、富の福音を説くクリスチャンも増えてきたが、これは本来は邪道である。

信仰＝修行

「空の鳥をよく見なさい。種も蒔かず、刈り入れもせず、倉に納めもしない。だが、あなたがたの天の父は鳥を養ってくださる」「だから『何を食べようか』『何を飲もうか』『何を着ようか』と言って、思い悩むな」

鳥のように明日への思いわずらいをするなと説いている。これが実際にできるようになるには、鳥や禅者のように無の境地にならなければならない。たぶん修行が必要だ。

信仰＝修行の道は狭い。

「狭い門から入りなさい。滅びに通じる門は広く、その道も広々として、そこから入る者が多い」。

しかし、「求めなさい。そうすれば、与えられる」「門をたたきなさい。そうすれば、開かれる」

山上の垂訓②

あなたが祈るときは、奥まった自分の部屋に入って戸を閉め、隠れたところにおられるあなたの父に祈りなさい

主の祈り
天にまします我らの父よ、
願わくは御名の尊まれんことを、
御国の来たらんことを、
御旨の天に行わるるごとく
地にも行われんことを。
我らの日用の糧を
今日我らに与えたまえ。
我らが人に赦すごとく、
我らの罪を赦したまえ。
我らを試みに引きたまわざれ、
我らを悪より救いたまえ。

あなたがたは、神と富とに仕えることはできない

狭い門から入りなさい。滅びに通じる門は広く、その道も広々として、そこから入る者が多い

富は、天に積みなさい

空の鳥をよく見なさい。種も蒔かず、刈り入れもせず、倉に納めもしない。だが、あなた方の天の父は鳥を養ってくださる

求めなさい。そうすれば、与えられる

門をたたきなさい。そうすれば、開かれる

だから『何を食べようか』『何を飲もうか』『何を着ようか』と言って、思い悩むな

Christianity 12

開祖の生涯⑥
最後の晩餐

　　四つの福音書はいずれも後半3分の1ほどを「受難」のドラマに充てている。イエスは政治・宗教体制を敵にまわしたが、その敵がイエスを陥れる機会を狙っている。イエスもまたその結末を予期している。

神殿で商売をしている者たちを叱りつける

　　イエスの一行は、祭礼の日、聖地エルサレムに向かう。エルサレムには神殿があり、この神殿の行事を中心に、ユダヤ民族は宗教的に結束していた。

　　イエスは神殿内部で商売をしている者たちのテーブルをひっくり返し、叱りつける。これは神殿当局への挑戦状のようなものだったかもしれない。

最後の晩餐で弟子たちに自らの死を暗示

　　祭礼（過越し祭）では食事をとる儀礼があるが、イエス一行も部屋を借りて晩餐をとる。こ

れがレオナルド・ダ・ヴィンチの名画で有名な最後の晩餐だ。

過越し祭というのは、かつてユダヤ民族がモーセに率いられてエジプトから脱出したのを記念する行事である。伝承によれば、ユダヤ人たちは脱出の前夜、種なしパン（旅行用のパン）を焼き、小羊の血を家の鴨居に塗った。

イエスは自分がこれから死を迎えることを弟子たちに暗示し、自分をパンとワインによって記念するように告げる。そしてパンはイエスの肉であり、ワインはイエスの血だと言う。

このシンボリズムは、過越しの伝承を踏まえたものであり、また、自らを犠牲の羊になぞらえたものになっている。今日、これが聖餐式（ミサ）としてキリスト教会の最も重要な儀礼となっている。

ユダの裏切り

なお、食事と前後して、イエスは一人の弟子（イスカリオテのユダ）によって裏切られることを明かす。ヨハネの福音書によれば、イエスは自ら弟子たちの足を洗い、信者たちが互いに愛によって生きるべきことを説く。

最後の晩餐

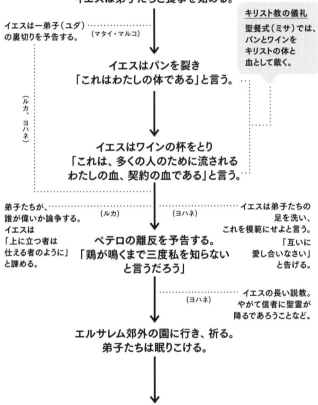

主にマルコの記事によるが、
他の福音書でも概ね同様の内容である。

Christianity 13

開祖の生涯⑦
受難と復活

イエスの逮捕

　　　最後の晩餐をとった後、イエス一行はエルサレム郊外の園へ行く。イエスは一人で父なる神に祈る。弟子たちは眠りこける。

　ユダが官憲をひきつれてやってくる。イエスに接吻するが、これが「首謀者イエス」が誰であるかの合図であった。兵士たちに反撃しようとする弟子たちをイエスは制止し、「剣を取る者は皆、剣で滅びる」といさめる。

ユダヤ教祭司による裁判

　　　イエスはまずユダヤ議会（サンヘドリン）に連れていかれ、大祭司カイアファのもとで冒瀆の罪で有罪宣告を受ける。外にいたペトロは、群衆から「仲間ではないか」と言われるが、知らないふりをする。しかしイエスがこのいきさつを予告していたことを思い出し、さめざめと泣く。

ローマ総督ピラトの命令によって十字架刑に

次にイエスは市内の別の場所にあるローマ総督官邸に連れていかれる。祭司たちは総督が死刑を執行してくれることを望む。しかし総督ピラトはローカルなトラブルに巻き込まれたくない。

総督がイエスを釈放しようとすると、祭司たちに扇動された群衆が、イエスの死刑を求める。釈放は皇帝への裏切りだとまで言われ、ピラトは事なかれ主義から、イエスの死刑を決める。

十字架刑というのはローマに対する反逆者への刑である。イエスは市中引き回しの上、門の外のゴルゴタの地で、十字架刑に処され、その日のうちに息を引き取る。死後、イエスの支持者たちが遺体をひきとり、墓に納める。

復活と顕現

三日後、マグダラのマリアなど女性信徒たちが墓を訪れると、白い衣の若者（天使？）が、墓にはイエスはいないと告げる。マルコ以外の福音書は、イエスが復活して弟子たちの前に顕現する様子を描いている。ルカによれば、イエスはみなの前で昇天する。

受難と復活

最後の晩餐のあと、エルサレム郊外の園に行き、祈る。弟子たちは眠りこける。

↓

ユダが武装した群衆とともに現れる。イエスは逮捕される。

（ルカ）

裁判所の外で、ペテロが人々から「お前も仲間ではないか」と言われるが、三度否定する。イエスの予告通りとなったので、ペトロは泣く。

ユダヤ最高法院で大祭司カイアファのもとで冒涜の罪とされる。

ピラトがイエスを釈放しようとすると、群衆はむしろ悪党バラバの釈放を望む。

（マタイ・マルコ・ヨハネ）

↓

ローマ総督ピラトのもとで尋問される。ピラトは釈放しようとするが、群衆が騒ぐので死刑を宣告する。

ガリラヤを支配するヘロデ・アンティパスのもとへ回され、つき戻される。

（ルカ）

からかいに茨の冠を被らされる。

↓

鞭打たれ、エルサレム城外のゴルゴタの地で十字架上に死ぬ。

イエスの最後の言葉「わが神、わが神、なぜわたしをお見捨てになったのですか」（旧約聖書の引用）（マタイ、マルコ）
「霊をゆだねます」（ルカ）
「成し遂げられた」（ヨハネ）

↓

墓に埋葬される。

最初にこれを知ったのは女たち（とくにマグダラのマリア）。若者（天使?）が「イエスは先にガリラヤにいる」と告げる。

↓

復活する（墓に遺体がない）。

↓

弟子たちの前に幾度か姿を見せる。

マタイ、ルカ、ヨハネのそれぞれの内容はかなり異なる。マルコのオリジナル版にはこの記載はない。

マタイによれば、イエスは弟子たちに世界への布教を託す。ルカによれば、イエスは弟子たちの前で天に上げられる。

Christianity 14

新約聖書「使徒言行録」が描くイエスの弟子たちの活躍

ルカによる福音書の著者はルカとされているが、この人はイエスに始まり弟子や孫弟子の活躍に終わる大河ドラマとして、前編の福音書つまりイエス伝と後編の使徒言行録とを対にして執筆した。

宣教のスタート

福音書の最後でイエスは復活し、弟子たちの前に姿を現すが、このシーンを使徒言行録は引き継ぐ。

イエスは、信者たちにやがて聖霊が降ることを約束して、昇天する。ペンテコステ（ユダヤ教のお祭り）の日に、約束通り信者たちが聖霊に満たされ、異国の言語を話し出す。これをもってキリスト教の宣教がスタートする。

初期の宣教の中心地はエルサレムだ。ペトロらは地元の言語を話していたが、ギリシャ語を

話す信者も増えてきた。だが、彼らのリーダー格のステファノという人物が石打ちにあって殉教し、迫害が起きた。信者たちは各地に散ってゆくが、それは伝道が広まってゆくということでもあった。

迫害者から回心したパウロの伝道旅行

　ここにパウロなる人物が現れる。敬虔なユダヤ教徒だ。彼はイエスの復活などを信じる新興宗教が許せず、信者たちを迫害して回っていたが、シリアの都市ダマスコで突然回心し、熱烈なイエスの宣教者となる。

　パウロは、ユダヤ人以外に向けての伝道に力を入れる。彼は現トルコ、ギリシャの地に三度ほど伝道旅行を行なう。（彼はまた各地に向けて手紙を書く。この手紙類が新約聖書の中ほどの部分を占めている。）

　民衆に襲われたパウロは官憲によって保護されるが、皇帝に上訴したのでローマまで護送される。そしてローマでユダヤ人たちに向けて自らの神学を披露したという。

　（結局パウロはローマで殉教したらしいが、キリスト教の神髄が当時の「世界の首都」であるローマに届いたというモチーフで使徒言行録は書かれているのである。）

使徒言行録

「使徒」とは復活したイエスに出会い伝道の使命を受けた者たち。12弟子など。

使徒言行録はルカによる福音書の続編として書かれる。イエスから使徒たちへのバトンタッチ！

復活したイエスの約束。
信者たちにやがて
聖霊が降るだろう。
そしてイエスは昇天。

↓

ペンテコステ（ユダヤ教のお祭り）の日に、
エルサレムの信者たちが聖霊に満たされ、
異国の言語で話し出すという
事件が起こる。

イエスが不在となった今、信者は聖霊の形で神と出会う。

キリスト教はローマ帝国において、東から西へと広がっていった。初めはユダヤ教の一派であったが、ユダヤ教徒以外にも布教を始めたので、独立の宗教となった。

…… 信者が各地に広がる ……

使徒パウロが回心して運動に参加。
重要な活動家となり、各地を旅する。
とくに非ユダヤ人に向けての
伝道に力を注ぐ。

パウロははじめキリストの信者を迫害していたが、あるとき復活のイエスのビジョンを見て回心する。

パウロは各地の信者に宛てて神学的な手紙を送った。それらの手紙はのちに新約聖書の中に納められた。

↓

ローマは帝国の首都。キリスト教布教にとって重要な土地。しかしパウロもペテロもローマで殉教したらしい。

最後にパウロは
ローマに行く。

Christianity 15

教え①
「キリストが人類の罪を背負って死んでくれた」という教理

　キリスト教で一番分かりにくいのは、開祖のキリストが人類の罪を背負って死んでくれたという教理である。ほとんど最初期から唱えられていた教えらしいが、これをはっきりと文書の中で書き残しているのは、キリストの孫弟子にあたるパウロだ。

**神にそむいたアダムの罪を
神に従順だったキリストが償った**

　彼によれば、人祖アダムはエデンの園にいるとき、神の言いつけにそむいて禁断の実を食べてしまった。神からの離反のことを罪と呼ぶが、アダム以来、人間は罪に染まってしまった（この状態を原罪という）。

　これと対になるのがキリストである。彼は罪のないまま、神に従順に従ったがゆえに十字架

上に死んだ。この神への従順ゆえに、キリスト以降、人間は罪から解放された。

「一人の人の不従順によって多くの人が罪人(つみびと)とされたように、一人の従順によって多くの人が正しい者とされるのです」(ローマの信徒への手紙5章)

これをキリストの贖罪という。「贖(あがな)う」は「購(あがな)う」と同源で、お金を払うことだ。いわばキリストは罪という借金のある我々に代り、お金を払ってくれたのである。

ユダヤ教徒は、神の律法(聖書のうちの戒律の部分)を守ろうとして守り切れなかった、つまり罪を犯してしまった部分については、繰り返し行なわれる供犠(動物を犠牲にする儀礼)などで、お祓いをしていた。これに対し、いわばキリストは、罪をすべて背負って、一挙にお祓いをしてしまったのである。だからキリストの十字架死は供犠にたとえられる。

キリストを信仰することで人間は赦される

人類が罪から解放されたといっても、その自覚のない者は赦されない。キリストを信仰することで――つまり罪を祓ってくれたことをありがたいと思ってキリストに忠義でいることで――赦される。一人一人の心のあり方については、死後に(あるいは最後の審判の日に)キリストによって審判される。

アダムとキリスト

アダム
人類の神話的祖先。
人類全体を一人の人間として
描いたものと理解できるだろう。

エデンの園の伝説
神のいいつけに背いて
禁断の実を食べ、楽園を追放される。

- アダムは罪を犯した
- アダムは死んだ

仏教的に言えば「煩悩」や「業」

人類には罪がある ＝ 「**原罪**」 人類には死がある

キリスト
人類全体の罪を
まとめて帳消しにしてくれた。

贖罪　贖い

受難と復活の伝承
神の意志にあくまで従順であり、
罪なくして受難を引き受ける。

- キリストは罪を贖った
- キリストは復活した

キリストを**信仰**する者は
罪からの**救い**と**不死**を得る

罪の贖いのイメージ

「購う」＝「お金を払う」
我々のかわりに罪の「借金」を
「払って」くれた！

英雄の犠牲
共同体のために死んでくれた
英雄を讃える。

キリスト＝犠牲獣？
ユダヤ教では罪を動物犠牲で
お祓いしてきた。

罪を背負う神々
大祓の人形(ひとがた)や流しびなも
罪を背負うカミサマ！

Christianity 16

教え②「キリストが死んで復活した」という教理

キリスト教神学で分かりにくいもう一つの要素は、キリストが死んで復活したという教理だ。キリスト教会は、生前のイエスがありがたい教えを説いたところから始まったというよりも、死んだキリストが復活したという噂が広まったところから始まった。

アダムの死とキリストの命

パウロはこう書いている。「アダムによってすべての人が死ぬことになったように、キリストによってすべての人が生かされることになるのです」(コリントの信徒への手紙(1)15章)。つまりここでもアダムとキリストの対照が生きている。

人祖アダムは神に離反して罪を抱えたばかりでなく、死ぬ身ともなった。これに対し、救世主キリストは永遠の命をもっている。

「もし、わたしたちがキリストと一体になってその死の姿にあやかるならば、その復活の姿にもあやかれるでしょう」(ローマの信徒への手紙6章)

洗礼を受けることで再生できる

　信者は洗礼を受けることでキリストにすべてをお預けする。そしてキリストの死を我が身に引き受け、自分が自分の罪に対して死んだと考える。そしてキリストが復活したことにあやかって、罪深かった自分が神の前で再生したと考えるのである。

　パウロは言う。「わたしは、キリストと共に十字架につけられています。生きているのは、もはやわたしではありません。キリストがわたしの内に生きておられるのです」(ガラテヤの信徒への手紙2章)。

　キリストにあやかって生きるというのは、信者の内部が自分とキリストの二階建てになるということである。だから自分が弱くても、強い神様がいるから、迫害にも耐えられる。「わたしは弱さ、侮辱、窮乏、迫害、そして行き詰まりの状態にあっても、キリストのために満足しています。なぜなら、わたしは弱いときにこそ強いからです」(コリントの信徒への手紙(2)12章)

「復活」のさまざまな意味

文字通りの蘇生
死んだ人間が生き返る

→ **精神的な理解**
死んでも生きているかのように語らうことができる

「いのち」としての神
イエスは「わたしはよみがえりであり、命である」と言った

心の中の復活
パウロは心の中でイエスに出会った

来世における復活と神の審判
個人の死後のイメージ
世界の終末のイメージ

新しい人生
信者とは「死んで生き返った人間」

Christianity 17

救いのシステム①
仏教と比べて理解する キリスト教のシステム

**キリスト教は信仰を通じて
罪から義へと向かうゲーム**

仏教は自らの煩悩を認めるところから始まった。同様に、キリスト教は罪を認めるところからスタートする。これは法律を破ったというような形式的なことではなく、もっと倫理的な深い反省から現れる認識だ。

仏教は修行によって煩悩を克服して菩提（悟り）を得ようとするゲームであった。キリスト教は信仰を通じて罪から義へと向かうゲームだ。神の望むところから離れるのが罪で、神の望むところに一致するのが義であるとされる。

一般信者と修行者

仏教の入門者はまず三宝に帰依した。キリスト教の入門者は洗礼を受ける。

仏教の一般信徒（在家者）は、世俗の仕事を

しながら仏法に従おうとする。専門の修行者（出家者）は、厳格な戒律を守り、ひたすら修行を続ける。

キリスト教の場合、一般の信者は、教会の神父や牧師の教えに従う。専門の修行者は修道士・修道女と呼ばれる。英語では仏僧（出家者）も修道士も monk だ。一般信徒も修道士も、日曜ごとの儀式（聖餐式、ミサなどと呼ばれる）に参加するのが信仰の基本である。

死後の裁き

人生が終わったあと、仏教では、生前の行ないに従って、善い転生を迎えたり悪い転生を迎えたりする（それを裁くのが閻魔王だ）。人生は一回きりではなく、輪廻が延々と続く。最終ゴールは成仏である。

これに対してキリスト教では、死後に神キリストの審判を受ける。善き人生を送った者は天国へ、悪しき人生を送った者は地獄へ。

ただし、カトリック教会では煉獄というものを認めており、ほとんどの人は煉獄において生前の罪の償いをして、おそらく最終的に天国へ向かう。これは仏教でいう輪廻の果ての成仏に近い思想だといえるかもしれない。

キリスト教のシステム

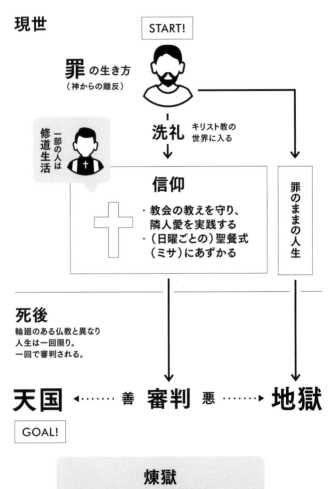

Christianity 18

救いのシステム②
重要な儀礼「洗礼」と「聖餐」

　　救いのシステムには二つの重要な儀礼がある。洗礼と聖餐である。

洗礼で入信を表明する

　洗礼（バプティスマ）とは、頭に水を振りかける（あるいはザブンと水に浸かる）儀礼だ。これを行なうことで、キリスト教の世界に入信することになる。

　これは一生クリスチャンでやっていくぞという自覚的決意の表明であるが、伝統的な教会では幼児洗礼も行なっている。昔の社会では個人の決意よりも、社会の一員であることのほうが強調されたから、親がクリスチャンであれば、赤ちゃんもやはりクリスチャンになるのだ。

　聖書によれば、そもそも開祖のキリストが洗礼者ヨハネという人から洗礼を受けたのであった。洗礼者ヨハネは、神が支配する新たな時代

に備え、罪を懺悔し、ヨルダン川の水をかぶってケジメとするように人々に勧めていた。

聖餐とはキリストの肉（パン）と血（ワイン）をとること

聖餐式とは、キリストを記念して行なう儀式のことで、カトリックではミサ、正教会では聖体礼儀と呼んでいる。

聖書によれば、キリストは十字架の受難に向かう前の晩に、弟子たちとともに最後の晩餐をとった。その席でキリストは、パンとワインをキリストの肉と血だと思えと説いた。キリストはいわば生贄の動物のように死んでいくことになるので、肉と血というイメージとなったのである。

教会ではこれに従って、日曜ごとに信者が集まり、パンとワインをいただくのである。

洗礼と聖餐に五つを加えた「七つの秘跡」

プロテスタントの多くは洗礼と聖餐だけを行なうが、カトリックや正教会ではさらに五つの儀礼を重視している。堅信（信仰の確認）、ゆるし（罪の告白）、叙階（神父などの聖職者の認定）、婚姻、癒し（病気や死に際する儀礼）である。カトリックではすべて合わせて七つの秘跡（サクラメント）と呼ぶ。

キリスト教の大事な儀礼

1
洗礼
入信を決意して
ケジメをつける！

幼児洗礼もある

2
聖餐式
・カトリックではミサ、正教会では聖体礼儀という。
・日曜ごとに、キリストを記念する。
・キリストの体を象徴するパンを聖体という。

3
堅信
信仰の確認

5
ゆるし
（告解）
罪の告白

7
叙階
聖職者の認定

4
婚姻
神の前の結婚式

6
癒し
病気や死に際しての儀礼

カトリック教会ではこれらの7つの神秘的な儀礼を

秘跡（サクラメント）

と呼ぶ

Christianity 19

救いのシステム③
最重要年中行事は「クリスマス」と「復活祭」

　キリスト教の重要年中行事はクリスマスと復活祭だ。キリストの誕生と死にまつわる記念行事である。

クリスマスは競合する宗教の行事に対抗する「裏番組」だった

　クリスマスは降誕祭だが、実際のイエスがいつ生まれたのかは不明である。ローマ帝国ではさまざまな神が信仰されており、新興宗教もたくさんあった。キリスト教が流行り出す前はミトラス教が流行していた。これはペルシャ系の宗教である。

　このミトラスが太陽神でもあったので、信者はローマ暦の冬至の日12月25日にお祭りしていた。一年間で最も太陽の力が衰える冬至に、太陽の復活を願ってお祭りをしたのだ。

　この宗教と競合関係にあるキリスト教会が、

いわば「裏番組」としてぶつけたのがクリスマスである。教会行事として広く行なわれるようになったのは、イエスの死後約400年たってからである。なお、Christmas という英語の呼び名は「キリストのミサ」を意味する。

クリスマスツリーとして常緑樹を飾るのも、異教的伝統から取り入れた伝統である。サンタクロースは子供の守護聖人聖ニコラオス（4世紀）の伝承が合流したものだ。

キリスト教最大の行事だが信者以外にはあまり知られていない復活祭

キリストの受難と復活を記念する復活祭はキリスト教最大の行事である。前の晩から徹夜で聖書を朗読したりミサを行なったりする。

ユダヤ教の過越祭の日に行なわれ、ユダヤ暦に応じて春分後の最初の満月の次の日曜日というややこしい規定となっているため、クリスチャン以外にはあまり知られていない行事でもある。暦の違いから西欧と東方正教会では日付にズレがある。

さらにもう一つ重要な「聖霊降臨の記念」

もう一つ重要なのはペンテコステだ。これはイエスの昇天後、信者たちに聖霊が下り、みなが不思議な言葉を語り出したという事件を記念するものである。

キリスト教の主な祝祭日

	東方正教会	カトリック	聖公会	ルーテル教会
1月6日	神現祭（洗礼祭）	主の公現	顕現日	顕現日
2月2日	主の進堂祭（迎接祭）	主の奉献	被顕日	
3月25日	生神女福音祭	神のお告げ	聖マリアへのみ告げ	主の母マリヤ
（7日前）	聖枝祭	受難の主日	復活前主日	棕櫚主日
（移動祝日）	復活大祭	復活の主日	復活日	復活日
（40日後）	主の昇天祭	主の昇天	昇天日	昇天日
（50日後）	聖神降臨祭（五旬祭）	聖霊降臨	聖霊降臨日	聖霊降臨日
8月6日	主の変容祭（顕栄祭）	主の変容	主イエス変容の日	（主の変貌）
8月15日	生神女就寝祭	聖母の被昇天	主の母聖マリヤ	
9月8日	生神女誕生祭	聖マリアの誕生		
9月14日	十字架拳栄祭	十字架称賛		
11月1日		諸聖人	諸聖徒日	全聖徒
11月21日	生神女進堂祭			
12月25日	降誕祭	主の降誕	降誕日	聖誕日

> 正教会の重要な年中行事は復活大祭＋12大祭。生神女とは神イエスを生んだ女性、つまり聖母マリアのことである。生神女の行事が4つ含まれている。

> プロテスタントの行事は簡素化されており、聖母マリアに関する行事は重視されていない。

聖母マリア

イエスの母マリア（マリヤ）は世界で一番有名な女性かもしれない。イスラム教の世界でも知られている。マタイ福音書とルカ福音書の記事では、処女のままイエスを生んでいる。イエスは神の子であり、その母であるマリアは神を生んだ母だ（正教会はマリアを生神女：しょうしんじょと呼ぶ）。通例、英語でOur Lady、フランス語でNotre-Dame（ノートルダム）、イタリア語でMadonna（マドンナ）、日本語で聖母と呼ばれている。

初期の教会にすでに聖母マリアを崇敬する習慣ができていたらしい。もともと地中海世界には、イシス（エジプト）、イシュタル（オリエント）、アフロディテ（ギリシャ）、ビーナス（ローマ）のような女神を信仰する伝統があった。

古代から聖母は（生まれたときから）原罪をもたないと言われてきたが、カトリックはこれを教義とし、プロテスタントはこれを批判している。

Christianity 20

救いのシステム ④
修行に励みたい人のための「修道会」

東方正教会とカトリック教会で発達した修道院制度

　仏教は出家者を中心に組織が構築され、在家者は出家者を取り巻く形になっている。キリスト教会では一般信徒の信仰が基本であり、とくに修行（修道）に励みたい人が修道士・修道女となる。修道士あるいは修道女の集まりが修道会であり、共同生活を送る場所が修道院だ。

　修道院制度は古代・中世の東方正教会やカトリック教会で発達し、現代まで受け継がれている。近代に誕生したプロテスタント諸教会はこれを廃止した。修道士・修道女は清貧、貞潔、従順を誓い、全生活を神キリストに捧げる。修道士は院内では沈黙のうちに神に祈り、世俗世界の中では福音伝道や慈善に努める。

古代からの修道会

カトリックの修道会にはいろいろな派がある。ベネディクト会やトラピスト会は、修道院内で神を思い神に祈る生活を中心とする組織である。古代の聖ベネディクトゥスが定めた厳しい戒律に従い、祈りのみならず、ワイン造り、食品造り、農耕、聖書研究や写本などの知的労働も行なう。北海道の函館にあるトラピスト修道会がクッキーを造っていることは有名だ。

近代の修道会

中世末期に托鉢修道会と呼ばれるフランシスコ会やドミニコ会が新たに生まれた。従来の修道会は中世の農村社会で発達したものである。

近代以降のダイナミックな都市社会においては、世俗社会で活動する托鉢修道会が活発に活動した。フランシスコ会の創始者は清貧の生活をモットーとしたアッシジの聖フランチェスコである。聖フランチェスコは小鳥に説教したともいわれ、エコロジーの聖人として人気がある。

なお、近代初期に誕生したイエズス会はカトリックの宗教改革で活躍した。日本に宣教したフランシスコ・ザビエルはイエズス会の創立者の一人である。

カトリックのさまざまな修道会

ベネディクト会
6世紀にベネディクトゥスが開いた修道院に由来する。「祈り働け」がモットー。

カルメル会
12世紀より。隠遁した観想生活、神との神秘的合一をめざす。

中世にはクリュニー会が繁栄した。

シトー会
11世紀より。中世修道院の堕落を批判し、戒律に還ることを目指す。
⋮
↓
19世紀にトラピスト会が派生

神への祈り

清貧　　貞潔　　従順

フランシスコ会
13世紀にアッシジのフランチェスコが創始。托鉢生活、清貧をモットーとし、各地に宣教する。フランチェスコと共に活動したクララもクララ会を創始。

福音伝道・慈善

ドミニコ会
13世紀にドミニクスが創始。キリストを観想し、それを説教する。中世の大哲学者、『神学大全』のトマス・アクィナスもドミニコ会士。

イエズス会
16世紀にイグナティウス・デ・ロヨラ等が創始。近代の教会改革で主翼を担う。日本に伝道したフランシスコ・ザビエルも創始者の一人。

Christianity 21

宗派①
古代から続く中東系の諸教会と東方正教会

キリスト教の四つの系譜

仏教と同様にキリスト教には無数の宗派があるが、大きく分けると、①中東系の諸教会、②東方正教会、③ローマカトリック教会、④プロテスタント諸教会の四つの系譜となる。③と④についてはそれぞれ141ページと144ページをご覧いただきたい。

①中東系の諸教会

コプト教会、エチオピア教会、シリア教会、アルメニア教会など、古代からある中東系の諸教会。コプトとはエジプトのことであり、イスラム教徒が主流である今日のエジプトにも数百万人が残っている。

これらの教会では古くからの儀式のやり方(典礼)を守っている。古代ローマ末期に諸教会がキリストに関する教理をまとめたとき、一

部の教理に関して中東系の諸教会はギリシャやローマの諸教会と一致しなかった。キリストの人性・神性という二つの性格のうち神性のみを認める単性説を採用したのである。

②東方正教会

　古代ローマ帝国時代のギリシャ語公用語圏に相当する地域の諸教会を東方正教会と呼ぶ。「ギリシャ正教」とも通称される。

　今日のギリシャやイスタンブール（古代のコンスタンティノポリス）周辺が本拠地であったが、その北方のスラブ語圏に広まっていった。民族・国家ごとに教会を建て、ギリシャ正教会、ブルガリア正教会、ロシア正教会、セルビア正教会……などに分かれ、それぞれの国語に訳された聖書を用いている。

　日本には明治時代にロシアの宣教師ニコライ神父が伝えた。日本ハリストス正教会である。

　東方正教会の特徴は、典礼を重んじること、イコンと呼ばれる聖画を尊崇することである。イコンは仏画のように定型的に描かれるキリストや聖人の事績の画像であり、信者はこれを通じて神の国を眺めるという。

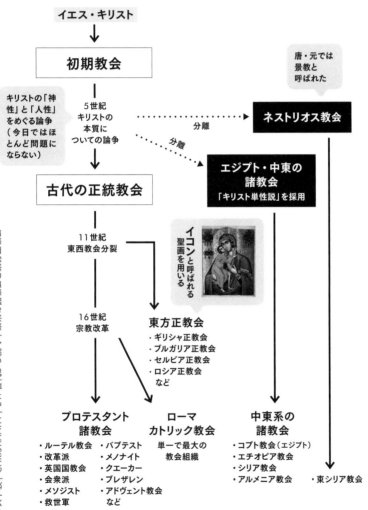

Christianity 22

宗派②
世界最大の宗教組織ローマカトリック教会

世界最大の宗教組織

　　　　ローマカトリック教会は古代ローマ帝国時代のラテン語を公用語とする地域を統括していたローマ市郊外バチカン（サン・ピエトロ大聖堂）を本山とする単一の組織である。トップの教皇（ローマ法王）以下、ピラミッド状の組織をもっており、たくさんの関連組織を擁するキリスト教最大の教会組織だ。世界最大の宗教組織と言っていいだろう。

　地域的には、イタリア、スペインなどの南欧、フランス、アイルランド、ドイツ南部、ポーランド、さらに中南米やフィリピンに広がっており、アメリカ合衆国でも、プロテスタントに次ぐ大勢力である。

東方正教会と11世紀に分裂

　　　　古代には前頁で述べた東方正教会に属する諸

教会とともに一個のキリスト教会として活動していたが、典礼や教義、組織のあり方などに違いがあった。東西の教会（東方正教会とローマカトリック教会）は、結局11世紀についに分裂することになった。

聖書によればキリストは（象徴的な）天国の鍵を一番弟子のペトロに授けた。そのペトロが指導し、殉教したのがローマ市の教会であった。ローマカトリック教会は、全キリスト教会の長を自任している（ペトロは初代教皇である）。

司教、司祭、修道会

ミサなどの儀礼を行なって信徒を指導するのが独身男性である司祭であり、一般信徒は「神父さん」と呼ぶのが習わしだ。

司祭をまとめるのが司教であり、その中の上位者が大司教である。

トップは教皇であり、その補佐役を枢機卿というが、枢機卿は司教でなければなれない。なお、カトリック教会には、ベネディクト会、フランシスコ会、ドミニコ会、イエズス会といった修道会がたくさんある。

教会建築の変容

中世・近代のカトリックの聖堂
▼
ロマネスク建築
11〜12世紀。厚い壁、太い柱、半円アーチをもつ。

バシリカ式聖堂
列柱と採光用の高窓のある集会所建築が教会堂となった。

正教会の聖堂
▼
ビザンツ建築
ドームにより巨大空間を実現した。

[アヤ・ソフィア大聖堂]

[西欧の標準的な十字架 ✝]

[クリュニー修道院]

ゴシック建築
12〜16世紀。建築の精緻さが増し、極めて高い天井も可能になった。

[パリのノートルダム]

[ギリシャ十字 ✚]

ルネサンス、そしてバロックへ
古典的形式美の追求、視覚的に劇的な演出の追求。

[サンピエトロ大聖堂]

[ロシアの十字架 — 罪状書き／足の台]

ロシアの教会

[聖ワシリー大聖堂]

プロテスタントの簡素な教会

プロテスタントの教会は装飾が少ない。十字架も単純で幾何学的なものが多い。

▼ 日本近代の教会建築 ▼

[大浦天主堂](長崎)
カトリック

[函館ハリストス正教会]
正教会

Christianity 23

宗派③
宗教改革で生まれた プロテスタント諸教会

ローマカトリック教会から離れて打ち立てられた

　　　　ローマカトリック教会は教皇を中心とする強大なピラミッド組織であったが、16世紀に主に北方の諸教会が続々とローマの支配を離れ、独立の教派を打ち立てた。

　プロテスタント諸国は、北欧、オランダ、ドイツ北部、英国などの西欧各国、そして新世界のアメリカ合衆国、カナダ、オーストラリア、ニュージーランドなどである。概して先進諸国が多く、プロテスタントと近代資本主義との間には親和性があるといわれている。

ルターの抗議（プロテスト）から
宗教改革がスタート

　　　　大量離反の直接のきっかけは、ローマ教会が贖宥状（免罪符）を販売したことである。人間は死後に煉獄で生前の罪滅ぼしをしなければな

らない。それを軽減するのが贖宥状であり、教会はこれを財源にしようとしたが、神学的に見れば「魂の救いをカネで買うこと」になる。

これ以外にも教会はいろいろと堕落しており、ドイツのマルティン・ルターが教理上のさまざまな疑問を95か条にまとめて抗議した。ルターは聖書のみ、信仰のみ、神の前の平等を原則とする宗教改革をリードすることになった。

さまざまな教会に分かれる

プロテスタント諸教会に属する主な教会（宗派、教派）は、ルターに由来するルーテル教会の他に、規律重視のカルヴァンが始めた改革派（＝長老派）、英国王が独立を決めてつくった英国国教会（＝アングリカン、聖公会）、その中の徹底主義者である清教徒に由来する会衆派、敬虔なる生活を提唱したウェスレー兄弟が始めたメソジスト派（救世軍はこの系統）、その他、浸礼と呼ばれる全身洗礼を行なうバプテスト、聖書によらず神の声に真理を見出すフレンド派（クエーカーともいう）、土曜日に礼拝を行なうアドヴェンティストなどなどである。

プロテスタントの諸教派

ルーテル教会

16世紀のマルティン・ルターの宗教改革の直系。プロテスタント最大の教派。善行ではなく信仰のみによる救いを強調。

改革派
(＝長老派)

ツヴィングリ・カルヴァンなどスイスの宗教改革者の伝統を受け継ぐ教派。救いと滅びにおける神の絶対性を強調。

英国国教会
(＝アングリカン、聖公会)

16世紀に教皇から離れ、国民教会となる。制度的にはカトリックに近い。(司教ではなく)主教という。

会衆派
(＝組合教会)

16世紀に英国国教会から分離。地方教会の自治を重視する。アメリカでプリマス植民地を建設、また英国清教徒革命で主力を担う。

バプテスト派
(＝浸礼派)

17世紀英国の清教徒革命期に誕生。アメリカで勢力をもつ。教会・国家の分離を強調。聖書を生活の規範とし、幼児洗礼を否定する。

メソジスト派

18世紀英国のウェスレー兄弟主導による信仰復興運動。アメリカにも広がる。福音伝道と社会運動に力を注ぐ。

フレンド派
(＝クエーカー)

17世紀の英国に生まれた教派。聖書や信条によらず、集会における個人の魂への神の働きを重視する。平和主義で、兵役を拒否する。

アドヴェンティスト

19世紀アメリカに発する、キリスト再臨を待望する教派。セヴンスデーアドヴェンティストなど。健康を重視する。

救世軍

19世紀にメソジスト派のブースが創設した、貧者への伝道をめざす軍隊型組織の教派。「社会鍋」で知られる。

Christianity 24

教会の歴史①
ローマ帝国の国教となるまで

　ユダヤ教の小さな一派にすぎなかったキリスト教会は、数世紀かけて勢力をどんどん拡大し、ローマ帝国の国教となった。その道のりを見ていこう。

ユダヤ教からの独立

　ローマはユダヤ教を弾圧していたが、西暦70年にエルサレムを占領し、神殿を破壊した。ユダヤ教徒はラビを中心とする共同体として生き延びた。キリスト教徒はユダヤ人以外にも布教し、ユダヤ教と完全に切り離された。

ローマ帝国からの迫害と殉教

　キリスト教徒は天地創造の神のみを信仰して、皇帝を含むローマの神々の祭儀に参加しなかった。ローマ当局はキリスト教徒をしばしば迫害した。これには波があって、比較的平穏なとき

と、弾圧の厳しいときがある。殉教した者は聖者となった。

新約聖書の巻末に納められているヨハネの黙示録は、憎きローマの破滅を——それは最後の審判の場でもあるが——予言仕立てで描いた霊界のドラマである。

異教とグノーシス主義

ローマ帝国にはさまざまな民族的神の信仰があった。またミトラス教のような競合する新興宗教もあった。さらに、グノーシス主義と呼ばれる宗教的思潮が勢力を伸ばしていた。

これは、世界を悪しき神のつくったもの、人間をその囚人と見て、知恵（グノーシス）を通じて、世界の外に救済を求めるというものである。秘教めいた神話をたくさんもつ思潮であるが、キリスト教の内部にもグノーシス的傾向の諸派があり、マリアによる福音書など、たくさんの教典をつくっていた。

教会の主流派はこうしたグノーシス主義の思潮を逸脱と考えた。これに対抗して教えと組織を整備し、新約聖書の正典を決めるプロセスが進んだ。そんな中で三位一体などの基本教理が確定された。4世紀にキリスト教は国教化を果たしている。

キリスト教会の体制化

1世紀

ユダヤ教の一派としての
キリスト信仰の始まり

↓

ユダヤ教を超えた布教
キリスト教の誕生

- ときには過酷な迫害があった。信者は社会不安のスケープゴートとされた。殉教した信者は聖人となった。
- グノーシス主義の流行（1〜4世紀）世界を悪しき神のつくったもの、人間をその囚人と見て、知恵（グノーシス）を通じて、世界の外に救済を求める

↓ ローマ帝国の諸勢力からの迫害に耐える
↓ 異教との対決
↓ グノーシス主義との差異化

2〜4世紀

キリスト教の体制化

- 聖職者など組織の体系化
- 正しい教典（正典）の制定（グノーシス的な文書の排除）

- 信者を導く職を司祭という。司教・司祭・助祭の3階級がある。「神父」は司祭に対する信者からの呼びかけ
- 新約聖書に含まれる文書が確定し、今日あるような聖書が誕生した

教理の制定

**三位一体
キリストの神性と人性**

↓

ローマの国教となる

Christianity 25

教会の歴史②
中世ヨーロッパと十字軍

ローマ帝国の東西分裂

　4世紀にキリスト教がローマの国教となったが、その直後にローマ帝国は東西に分裂した。巨大な帝国を一つにまとめることがもはやできなくなったのだ。

　東側のローマはいわゆるビザンツ帝国として、コンスタンティノポリス（現イスタンブール）を中心に繁栄を続けた。ビザンツでは、皇帝の権力と教会の権力が仲良く手を結んでいた。この理念は、ロシア帝国にも受け継がれている。

　西側のローマ帝国はじきに崩壊した。ゲルマン系の諸民族がどんどん流入し、民族地図を塗り替えてしまった。教会は文明を支える灯台でもあった。
　800年にゲルマン系フランク族の王様カール1世（シャルルマーニュ）が教皇からローマ皇帝として認められ、サン・ピエトロ大聖堂で戴

冠した。

　フランク王国は今日のフランス、ドイツ、イタリア諸国の起源となった。西欧では皇帝権力と教皇の権力が二元的な緊張関係を保つことになった。

　東方のスラブ族、西方のゲルマン族やケルト族はいずれもキリスト教に改宗していった。しかし、古くからの異教の神々の信仰や祭儀は民間信仰として潜在化した。魔女信仰や妖精信仰などはその名残である。

イスラム勢力と十字軍との戦い

　古代にはローマ帝国の版図である地中海周辺一帯にキリスト教が広まっていたが、7世紀にアラビアで生まれたイスラム教が数世紀の間に急速度で拡大した。イスラム帝国の版図に入った中東やアフリカでは、イスラム教徒が多数派となった。

　11世紀に、イスラム勢力に抗しきれなくなったビザンツ帝国が西方に助けを求め、ここに十字軍による聖地奪還作戦がスタートした。

　十字軍への参加は罪の償いになるとされ、西欧からたくさんの兵士が聖地に向かった。十字軍は一時的にエルサレム地域を支配したが、じきにイスラム勢力が巻き返し、13世紀に終息した。

中世……西の教会と東の教会

西の理念
西ローマからゲルマン王朝、西欧諸国へ

優位 教皇 ‥‥▶ 神聖ローマ皇帝
　　　　戴冠

- 教会組織
- 諸王・諸侯

平信徒 ＝ 臣民

教皇・教会と皇帝・政治の間の絶えざる緊張

東の理念
東ローマ（ビザンツ帝国）から東欧・ロシアへ

ビザンツ皇帝‥‥｜庇護・任免
　　　　　　　　▼
コンスタンティノポリス総主教

- 教会組織

平信徒 ＝ 臣民

皇帝が優位に立つが、両権力は仲良く手を結ぶ

十字軍

11世紀	第1回	エルサレムを略奪し、エルサレム王国をつくる。
12世紀	第2回	イスラムが勢力を盛り返す。聖地は取られ、戦争は負ける。
	第3回	サラディンに取られたエルサレムの奪還に失敗。
13世紀	第4回	ベネチア商人に操られ、ビザンツ帝国のコンスタンティノポリスを略奪。**本来の目的を見失った十字軍**
	第5〜7回	幾度もイスラム勢力と競り合うが、結果的には失敗に終わる。

異端に対する十字軍も行なわれた
異端のカタリ派に対するアルビジョワ十字軍（13世紀）など

少年十字軍
（1212）
ドイツやフランスで起きた事件。霊感を受けた少年少女や農民が地中海沿岸まで進軍し、その後家郷に戻されたり行方不明となった。

Christianity 26

教会の歴史③
宗教改革から始まった近代化

宗教改革はカトリック教会のヒエラルキーの否定

　　プロテスタント宗教改革がどのようにして始まったかは、144ページに書いた。教理的にそれは、教皇をトップとするカトリック教会の巨大なヒエラルキーを通じての救済を否定するものであり、「万人祭司」として、すべての人が個人として平等に神に向かうという建前を貫くものである。

　しかし一面においては、これは南欧の権力に対する、北方諸民族の離反の様相を呈しており、プロテスタント諸国はいずれもヨーロッパ大陸の北西方（と新大陸の旧植民地）に限られている。

プロテスタントは社会の近代化に適合していた

　　プロテスタンティズムは、社会の近代化に適合的であった。ドイツ、北欧、イギリス、アメ

リカなど先進国の多くがプロテスタント社会であることは偶然の一致ではない。

　カトリックや東方正教会では、教会の組織や伝統的習慣が何よりも重んじられる。神はそうした制度の中に現れる。
　しかし、プロテスタントにおいては、神は常に地上を超越している。これは敬虔な信仰ではあるが、社会において神の働く場が薄れてしまったということでもある。教育であれ資本主義の業務であれ国家の運営であれ、世俗のあらゆる物事が自律的な仕組みで運営できるようになったのである。
　そういう意味で、プロテスタントは理念の上では敬虔だとしても、実生活においてはあまり宗教的ではない。カトリック社会や正教の社会もこれに準じて近代化や宗教の個人主義化を進めてきた。こうした近代社会のモデルが現在、世界中に広まっている。

　なお、日本は鎌倉仏教の時代に教理が単純化され、その後「葬式仏教」化が進んだので、明治国家による制度的近代化を比較的無造作に受け入れた。そのためアジア社会ではいち早く近代化を遂げることができた。

宗教改革のロジックと副産物

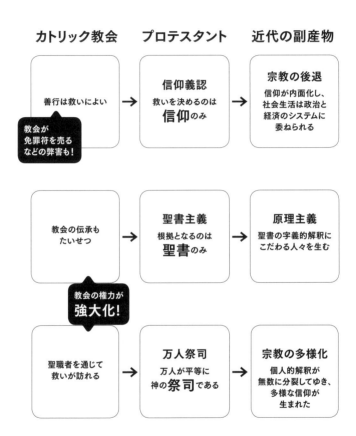

個人主義的で内面主義的なプロテスタントの社会は概して近代化において先進的であった。資本主義、民主改革、科学の発展に関して主導的である。
それはまた、植民地による世界支配、ナチスのような人種主義、産業化の独走による自然破壊、カルト的な原理主義においても主導的であったということである。

Christianity 27

教会の歴史④
なぜアメリカは宗教的なのか

神や宗教や教会への信頼が篤い国アメリカ

　欧米社会には日本と同様に、宗教を信じないという人がかなりの割合で存在するが、アメリカは例外的で、どのアンケートでも神や宗教や教会への信頼が篤い。

　ヨーロッパでは教会権力を抑えて近代化を進めてきたという意識が強いが、アメリカでは建国当初から教会が人々の結束の軸となっていた。アメリカの建国そのものが、旧大陸の圧政から逃れて神の正義の国を造るという、神話めいた物語として語られてきた。

　こうした自意識が、宗教的でもあり、ナショナリズム的でもある独特な「アメリカ市民宗教」を構成してきたのだという意見もある。

宗教的ユートピア建設の夢から清教徒の植民地がつくられた

　アメリカの建国神話において必ず登場するのが清教徒（ピューリタン）である。英国王室は宗教改革の一環として英国国教会をつくった。しかし清教徒はこれに反対し、市民革命を起こして一時的に国王勢力を排除した。その後、弾圧を避けた一派がメイフラワー号という船でアメリカのプリマス（ボストンの近く）に植民地をつくり、宗教的ユートピアの建設を目指した。

　アメリカには英国領の13の植民地があったが、当初は本国からの干渉もなく独立独歩でやっていくことができた。やがて本国の締め付けが強くなると、反発して1776年に独立し、憲法を定めて13州からなる連邦国家として再編成した。ここにおいて、清教徒のユートピア建設の夢に由来する宗教的理想主義が、国家神話を形成するようになり、強いナショナリズムと結びついたプロテスタント信仰が主流を占めるようになったのである。

リンカーンはアメリカ市民宗教の「聖人」

　アメリカの南部では当初から黒人奴隷を用いており、不正義が制度化されていた。これをめぐる内戦（南北戦争）が起きたとき、奴隷解放を宣言し国家の再統合を果たしたリンカーン大統領は、アメリカ市民宗教の「聖人」となった。

アメリカ市民宗教

アメリカ合衆国　独立宣言

Creator
天地創造の
神のこと

われわれは、自明の真理として、すべての人は平等に造られ、造物主によって、一定の奪いがたい天賦の権利を付与され、そのなかに生命、自由および幸福の追求の含まれることを信ずる。

『人権宣言集』（岩波文庫）より

清教徒が乗った メイフラワー号

ボストン近郊プリマスに
植民地をつくった清教徒たちが
アメリカ国民の宗教的
モデルとなっている。

聖書に手を当てて 宣誓する大統領

ドルに書き込まれた 「IN GOD WE TRUST」
（我らは神を信ずる）

Christianity 28

教会の歴史⑤
キリスト教の保守派、福音派とファンダメンタリズム

　西欧と新大陸のキリスト教は、個人の平等と解放を目指す改革を支持する方向で進んでおり、リベラル路線を基調としていると言える。これはとくにプロテスタントにおいて強い傾向であり、カトリックや正教会は伝統的により保守的であった。

　しかし、個人の自由をあまり強調すると、教会の教えを聞かないのも聖書を読まないのも自由ということになり、宗教としてはジレンマに陥る。それゆえ現代においては自由よりも権威を強調する保守派もまた台頭してきた。プロテスタントの中で、保守的な傾向の強い勢力を表す言葉として、福音派とファンダメンタリストというのがある。

信仰の覚醒を説く福音派

　　　福音派（エヴァンジェリカル）の特徴は、（漫然と信者なのではなく）信仰に目覚めたという意識をもち、聖書を字義通りに読もうとし、人々への伝道を重んじる傾向にあるとされる。

　アメリカでは1970年代からこうした傾向の人々が自己主張を強めるようになった。とくに一時期はテレビ伝道師（テレヴァンジェリスト）と呼ばれる人気スターが輩出した。

聖書を字義通りに読もうとするファンダメンタリスト

　　　ファンダメンタリストというのは、もともとキリスト教の根本信条（ファンダメンタルズ）と呼ばれる保守的な教理を信じる人々という意味であるが、主に聖書を字義通りに読もうとする傾向を指す。福音派の全体をファンダメンタリストと呼ぶことも、そのうちの強硬派をそう呼ぶこともある。ファンダメンタリズムは根本主義、原理主義と訳されている。

　聖書を字義通りに読むといっても、矛盾だらけの記述から成り立つ複合的な文書である聖書を文脈抜きで字義通りに読むのは不可能であり、実際には、運動家たちの好みに合わせて恣意的に読んでいる。創世記に神が六日で世界をつくったと書いてあるので、進化論は嘘だと主張しているが、主張の内容は時代により変動している。

アメリカのキリスト教

メインライン・チャーチズ
（主流派教会）

・アメリカ建国当初からあった由緒ある教会組織
（長老派、英国国教会、メソジスト、ルーテル教会など）
・概ねリベラルな教義をもつが、信者数は伸び悩むか減っている

福音派
（エヴァンジェリカル）

・信仰に目覚めたという意識をもつ
・聖書を字義通りに読もうとする
・人々への伝道を重んじる

聖書を字義通りに読もうとし、いくつかの保守的な信条を守ろうとする人々を根本主義者（ファンダメンタリスト）と呼ぶ

ファンダメンタリストは
創世記の記述に一致しないとして進化論に反対している。
1925年に公立学校での進化論の授業の是非をめぐって裁判が起きて以来知られるようになった。近年では「神」を「知的設計者」と呼び変えて教科書に持ち込もうともしている。

テレビ伝道師
テレビを通じて伝道したり信仰治療を実演したりする人気スター

……保守的で熱狂的な教会は信者数を伸ばしている

キリスト教系の新宗教

モルモン教
19世紀にジョセフ・スミスが創設。正式名は末日聖徒イエス・キリスト教会。聖書の他にモルモン書という教典をもつ。ユタ州に本拠をもつ。道徳的に保守的であることで知られる。

エホバの証人
19世紀にC.T.ラッセルが創設。戸別訪問をし「ものみの塔」などの冊子を配る。幾度かキリスト再臨予言を行なっている。聖書の独自解釈により輸血拒否をすることで知られる。

統一教会
20世紀に韓国の文鮮明が創設、「原理運動」と称する布教活動を始める。開祖を「再臨のキリスト」と考える。米国ではしばしばムーニー（「文」から）と呼ばれる。

Christianity 29

教会の歴史⑥
戦国時代と明治時代以降の日本への伝道

戦国時代に急速に増えたキリシタン

　キリスト教の日本伝道は二つのステージに分かれる。最初は戦国時代におけるカトリックの宣教である。

　1549年にイエズス会士の修道僧フランシスコ・ザビエルが来日する。最初、天地創造の神を真言宗の大日如来の一種と勘違いするといったこともあったが、戦乱の社会で救済を求める日本人の間で急速な普及を見た。当時のキリスト教徒は「キリシタン」と呼ばれる。ポルトガル語の Cristão（＝クリスチャン）による。

　徳川幕府が鎖国体制を敷くことになると、外国勢力であるキリスト教は迫害の対象となり、仏教徒のふりをして潜伏した一部の者（潜伏キリシタン）を除いてキリスト教徒は絶滅する。

明治以降、新たな布教が始まり、知識人に受け入れられる

1859年に日本は再び開国し、新たな布教が始まった。信教の自由が外交問題となり、1873年に日本布教が黙認された。

カトリック、プロテスタント、ロシア正教会がそれぞれに宣教を始め、西洋の世俗的自由思想や民主主義思想のバックボーンとしての威信をもって、西洋文化にあこがれる知識人たちに受け入れられた。

長崎のカトリック教会は潜伏キリシタンが存在することを発見し、世界を驚かした。

プロテスタントには諸教派があり、それぞれ外国の親教会と結びついていた。旧幕臣の子弟で、清教徒的な倫理に共鳴してプロテスタントになった者も多い。

明治期にはニコライ神父が宣教する正教会も他の教派と並んで人気があったが、ロシアの後進性や、のちのロシア革命の影響もあって、その後はあまり振るわない。

キリスト教徒の人口は総人口の1％にとどまるが、知識人のクリスチャンを通じて社会・文化的な影響力をそれなりに保ってきた。なお、日本基督教団はプロテスタント諸派が集まってつくった合同教会である。

キリシタン

1549年 **ザビエル、** 日本布教開始 ─ イエズス会創設者の一人

伊藤マンショら天正遣欧使節が教皇に拝謁

↓

キリシタン大名による集団改宗
大村純忠　大友宗麟　有馬鎮貴　高山右近

1637年、島原の乱により弾圧の加速化

1587年　伴天連追放令（豊臣秀吉）
1614〜16年　全国的禁教令（徳川幕府）

キリシタンの**大量棄教＋殉教**

明治までの殉教者数 2〜3万か？

↓

日本の伝統的宗教と習合。1873年以降については「カクレキリシタン」という

潜伏キリシタン

↓

1873年　**キリシタン**禁制解除（明治政府）

明治以降の布教

正教会
1861年 ニコライ来日

神田のニコライ堂を建設。ロシア革命などの影響もあり、その後は教勢力が伸びなかった。

カトリック教会
幕末から布教開始
1891年　大司教区誕生

↓

1941年
日本天主公教教団

1952年
カトリック中央協議会

プロテスタント
幕末、アメリカから宣教師来日
武士出身の若者たちの改宗

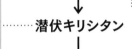
横浜バンド
札幌バンド
熊本バンド

ミッションスクールの隆盛

軍国主義政権下の政府の圧力

↓

1941年
日本基督教団

戦後は、日本基督教団からいくつかの教団が離脱した

戦後の信徒数は概ね100万人で推移している

column 　映画の中の宗教

『ジーザス・クライスト＝スーパースター』

キリスト教世界はハリウッドを持っているので、キリスト映画はやたらと多い。愛を説いて裏切られて裁判にかけられ、侮辱されて残虐な殺され方をして、そして復活するという最大限にドラマチックなその生涯も、イエスの一代記を映画向けにしている。

少しだけ紹介しよう。パゾリーニ監督の『奇跡の丘』（1964年）ではキリストがマタイ福音書の「セリフ」をそのまま（ただしイタリア語で）語る。ジョージ・スティーブンス監督の『偉大な生涯の物語』（1965年）はパノラマ的映像美がすばらしく、敬虔なる内容からしても典型的なキリスト映画だと言えるだろう。イエスが結婚生活の幻想を見るカザンザキス原作、スコセッシ監督の『最後の誘惑』（1988年）のような問題作もある。「反体制」的問題作として有名なのは、ロックアルバム『ジーザス・クライスト＝スーパースター』（1970年）である。これはすぐに舞台化され、以来世界各地で公演され続けている。1973年に映画化され、2000年には舞台仕立てで再び映画化され、他にアリーナ公演のDVDも出ている。

舞台作品も映画作品も保守派のキリスト教会から批判された。しかし、人間の理解を超えた神を描こうという制作意図は、けっこう敬虔だ。不遜な態度でイエスと対立する主人公ユダも、イエスとは何者なのかと問い続けているのである。

第 3 章

イスラム教
Islam

THE THREE GREAT RELIGIONS
OF THE WORLD

Islam 1

イスラム教とはどんな宗教か？

ユダヤ教とキリスト教をいっそう「純化」した宗教

　　　　イスラム教は一神教である。唯一の神が天地を創造し、人類を平等に導くと信じる宗教だ。ユダヤ教から紀元1世紀にキリスト教が派生し、そして両宗教をいっそう「純化」したものとして、7世紀にイスラム教が登場した。

　　　　イスラム教の開祖はメッカの篤実な商人、ムハンマドである。神（唯一神）のことをアラビア語でアッラーという。アッラーがムハンマドに下した啓示の言葉を集めた書がコーラン（正しい発音はクルアーン）である。アラブの諸部族は預言者ムハンマドを神の使徒と認め、それまで奉じていた多神教を棄てて一神教に帰依した。

神の下での人類の平等を説く

　　　　イスラム（イスラーム）は神への「帰依」を、イスラム教徒を表すムスリムは「帰依者」を意味する。イスラム教徒はアッラーなど六種のも

のを信じ（六信、→201ページ）、礼拝など五つの行を実践する（五行、→204ページ）。また、コーランの教えをもとに作られたイスラム法（シャリーア、→210ページ）という法体系をもっている。

　教えの主たる眼目は、神の下での人類の平等にある。神の前には民族も関係ないし、身分も貧富の差も関係ない。
　建前としてイスラム教徒は、同じ一神教仲間であるユダヤ教徒やキリスト教徒に改宗を迫らない。他の宗教、たとえばヒンドゥー教に対しても、歴史的には共存の姿勢をとってきた。「宗教に強制があってはならない」とコーランにも書いてある（二256）。
　イスラム教は古代社会には珍しく女性に相続権を認めるなど、極めて開明的なところをもっていた。
　ただし、古代のさまざまな規定を現代社会に適用しようとするといろいろと問題が生じる。これは他の宗教の場合も同様だ。
　イスラムへの批判、イスラムからの現代社会への批判、そして両者の建設的調和をめぐって、今日、活発な議論が行なわれている。

三つの大宗教のポイント

	仏教	キリスト教	イスラム教
開祖は？	**釈迦**（ブッダ） 紀元前463〜383年頃	**イエス**（キリスト） 前4年頃〜後30年頃	**ムハンマド**（預言者） 570年頃〜632年
めざすものは？	ブッダの道に従い、煩悩からの解脱をめざす	キリストの信仰により、罪からの解放をめざす	唯一神（アッラー）に従い、平等・平和に暮らすことをめざす
教典は？	**仏典** 大量にあり、宗派によって選んで読む	**聖書** とくにキリストについて書いた新約聖書	**コーラン** ただし聖書も尊重する
修行や儀礼、生活規範は？	出家者は多くの戒に服し、瞑想などに励む。在家者は五戒を守る	聖餐式（ミサ）にあずかり、聖書と教会の教えに従って身を律する	六信（201ページ） 五行（204ページ） イスラム法（210ページ）
専門家は？	**僧侶** 本来は修行者だが、人々の相談役でもある	**司祭　牧師** カトリックなど　プロテスタント	**ウラマー** （アーリムの複数形） イスラム諸学の学者
施設は？	**寺** 本来は修行の道場	**教会** 信者たちの集まり	**モスク** 共同の礼拝施設

1. ミナレット（尖塔）から信徒への礼拝の呼びかけ（アザーン）を行なう。
2. モスクの中にはメッカの方向を示す窪み（ミフラーブ）がある。金曜の集団礼拝を行なうモスクには説教壇（ミンバル）がある。

Islam 2

開祖の生涯①
開祖ムハンマド、神から啓示を受ける

ムハンマドが生まれたメッカは交易都市であり部族信仰の拠点だった

開祖ムハンマドは570年頃にアラビア半島の交易都市メッカ（マッカ）に生まれた。当時のアラブ人はさまざまな神々を奉じる多神教徒であり、メッカは交易経済と部族信仰の一大拠点であった。町の中心にはカアバと呼ばれる石造の聖殿があり、中にたくさんの部族神が鎮座していた。

当時、北方にはゾロアスター教を国教とするササン朝ペルシャとキリスト教を国教とするビザンツ帝国があった。アラブ人はユダヤ教徒やキリスト教徒などを通じて一神教に接していた。聖書や聖書にまつわる伝承もすでに伝わっていた。

神から啓示を受け、布教を開始

ムハンマドはメッカの支配部族クライシュ族の出であるが、幼くして父母を亡くし、祖父および伯父アブー・ターリブのもとで育てられた。富裕な女商人ハディージャのもとで隊商貿易に従事し、25歳で彼女と結婚した。

篤実な商人として活躍したムハンマドは、やがてメッカ近郊の山に籠るようになる。610年頃に瞑想中に天使の訪問を受け、神（アッラー）から啓示を下される。

613年頃から公に布教を開始し、部族の神々を奉じる市民たちから迫害を受ける。妻や伯父は彼を保護するが、二人が亡くなると、ムハンマドとその仲間たちはメッカで布教を続けることができなくなった。

「神の下の平等」を説いて迫害を受ける

メッカは多神教＝部族宗教の「門前町」であり、その経済＝宗教システムによって成り立っていた。しかし格差化が進むにつれて、部族社会の倫理は崩壊した。

孤児であったムハンマドは浮世の厳しさを痛感していただろう。そうした中で神の啓示が下ったのである。アッラーの告げる「神の下の平等」という新たなシステムは、部族信仰の利害と衝突した。そのため彼は有力市民たちから迫害を受けたのである。

預言者ムハンマドの生涯①

570年頃、ムハンマド誕生。
父は誕生前に亡くなる。

↓

6歳で母を亡くし、8歳まで祖父が育てる。
その後は伯父アブー・ターリブが育てる。

↓

富裕な女商人ハディージャのもとで
隊商貿易に従事する。

25歳でハディージャと結婚。

↓

610年頃、山に籠って瞑想中に
大天使ガブリエル(ジブリール)から
神の啓示を受ける。

> 23年間にわたる啓示の始まり

↓

613年頃から公然と布教。
迫害を受ける。

↓

619年頃、妻ハディージャと
伯父アブー・ターリブが相次いで死去。
メッカでの布教が困難になる。

⋮

→ 176ページへ

Islam 3

開祖の生涯②
ムハンマドと
イスラム共同体の勝利

**メッカからメディナに移住し
イスラム共同体を築く(ヒジュラ=聖遷)**

622年、ムハンマドはメッカから数百キロ離れたメディナ(マディーナ、当時の名はヤスリブ)の市民から争い事の調停者として招かれる。ムハンマドと彼の仲間はメディナに移住する。

このメディナでムハンマドはアッラーの啓示のもとで暮らす共同体を立ち上げた。イスラム共同体の始まりである。メディナ移住を聖遷(ヒジュラ)と呼ぶ。聖遷の年を元年とする太陰暦をヒジュラ暦(イスラム暦)という。

メッカ勢力と戦い、休戦から無血征服へ

ムハンマドの共同体は諸部族に認知されるようになったが、しばらくはメッカとの間に緊張が続く。

メッカを支配するクライシュ族の攻撃を受け

て、バドルの戦い（624年）では勝利し、ウフドの戦い（625年）では七百名もの仲間が戦死した。ハンダク（塹壕）の戦い（627年）ではメッカの攻撃をやり過ごした。

そしてフダイビーヤの和議（628年）で休戦協定を結び、ムハンマドは譲歩しつつメッカ市民の信頼を獲得し、630年にメッカ無血征服を果たす。カアバの中の偶像はすべて破壊され、市民は大挙イスラムに改宗した。632年にムハンマドはメッカ巡礼を行ない、メディナの自宅で没した。

ムハンマドは宗教指導者であり政治指導者でもあった

ムハンマドの生涯は、宗教指導者の生涯でも政治指導者の生涯でもある。

宗教と政治とはともに人々の生と死の命運を握るものであり、本来、画然とは分かちがたい関係にある。キリスト教は、ローマ帝国の政治システムががっちり存在しているただ中に生まれ、心の宗教として勢力を伸ばした。ローマ帝国の国教となったとき、政治と宗教とは手を結ぶことになったが、理念的には政治と宗教とは分かれている。

他方、アラブの部族社会の宗教・政治システムにまるごと取って代わるものとして登場したイスラムにおいては、預言者は政治を含めた人生万般の範を示しているのである。

預言者ムハンマドの生涯②

622年、
メディナ（当時の名はヤスリブ）の人々が
争いの調停役として
ムハンマドを迎え入れる。
メディナにおけるイスラム共同体や
ユダヤ系諸部族との
協力関係を謳った
憲章が作成される。

> メディナ移住を聖遷（ヒジュラ）と呼び、イスラム暦の紀元とする。

↓

メッカの迫害者との間に幾度か戦いが起こる。

624年
・バドルの戦い ── 勝利

625年
・ウフドの戦い ── 苦戦

627年
・ハンダク（塹壕）の戦い ── 撃退

628年
・フダイビーヤの和議 ── 休戦協定

↓

630年、メッカ無血征服。
大勢のメッカ市民が
イスラムに改宗する。

↓

632年、死去。

Islam 4

教典①
コーランはどのような教典か？

コーランとは「読まれるもの」という意味

　イスラム教の教典はコーラン（クルアーン）である。神が啓示した言葉を集めたものを一般に啓典（キターブ）というが、これにはコーランの他にもユダヤ教やキリスト教の聖書なども含まれる。イスラム教では啓典を重んじ、各宗教の信者がそれぞれの啓典に従うことを尊重する。

　クルアーンとは「読まれるもの」（もしくは「誦まれるもの」）という意味である。ムハンマドが最初に受けた啓示は「読め！」から始まっていた。

　ムハンマドは20年ほどにわたって神の啓示を受けたが、ムハンマドの仲間たちは啓示をそれぞれに暗記して伝えた。ムハンマドの死後に暗唱者が次々と死んでいく中で、これではマズイと、第三代のカリフ（ムハンマドの後継者で

イスラム共同体の代表者）であるウスマーンが正典化を命じて、一冊の本としてまとめられた。650年頃のことである。

コーランは114章からなる。各章の長さはばらばらである。一番長い第二章「雌牛章」は286節からなるが、10節以下の短い章もたくさんある。長い章が比較的前のほうに集まっており、短い章が最後尾に並んでいる。章のタイトルは便宜的なもので、内容を要約したものではない。どこに何が書いてあるかは、熟読者にしか分からない。

初期のメッカ啓示は終末論的であり、終末や来世に対する警告の文句が多いが、共同体を立ち上げてからのメディナ啓示には、信者と社会生活上の規定など、現世に対して前向きな啓示が多い。

ムハンマド個人の言行は「ハディース」としてまとめられた

コーランは神が語った形式をもっており、ムハンマド個人の言行はハディースとしてまとめられている。ハディースも権威ある教典ではあるが、啓典ではない。神と人間とは区別される。預言者ムハンマドといえども、あくまで一介の人間なのである。

コーランの章

メッカ啓示　　　メディナ啓示

❶開扉

②雌牛、③イムラーン家、④女性、⑤食卓

⑥家畜、⑦高壁

⑧戦利品、⑨悔悟

⑩ユーヌス、⑪フード、⑫ユースフ、⑬雷、⑭イブラーヒーム、⑮ヒジュルの民、⑯蜜蜂、⑰夜の旅、⑱洞窟、⑲マルヤム、⑳ター・ハー、㉑諸預言者、㉒巡礼、㉓信徒たち

㉔光

㉕識別、㉖詩人たち、㉗蟻、㉘物語、㉙蜘蛛、㉚ルーム、㉛ルクマーン、㉜サジュダ

㉝部族連合

㉞サバア、㉟創造主、㊱ヤースィーン、㊲整列者、㊳サード、㊴集団、㊵赦す者、㊶解明、㊷シューラー、㊸装飾、㊹煙、㊺跪く、㊻砂丘

㊼ムハンマド、㊽勝利、㊾部屋

㊿カーフ、䷀撒き散らす風、䷁山、䷂星、䷃月、慈愛あまねく者、来るべき日

鉄、抗議する女性、集合、訪問される女性、戦列、金曜礼拝、偽善者

❻❹騙し合い

㋞離婚、㋟禁止

大権、筆、真実の日、天の階段、ヌーフ、ジン、衣をかぶる者、衣にくるまる者、復活、人間、送られるもの、知らせ、引き離す者、眉をひそめた、包み隠し、裂ける時、計量をごまかす者、割れる時、星座、夜空の星、至高者、逃げ場のない日、暁、町、太陽、夜、朝、胸を広げた、無花果、凝血、定命、明証、地震、疾駆する馬、戦慄の日、多寡の争い、夕刻、中傷者、象、クライシュ族、慈善、豊潤、不信者たち、援助、棕櫚、純正、黎明、人びと

○＝100節以上の章　●＝20節未満の章

・タイトルはすべて便宜的なものである。たとえば第2章「雌牛章」は、この章にだけ「雌牛」という語が出てくるのでアダ名としてついたものだという。

・コーランはアラビア語原典で読まれるべきものであり、英語訳、日本語訳などの翻訳はあくまでも注釈本と見なされる。

Islam 5

教典②
コーランに示された万人の平等と女性の権利

コーランは貧者や孤児への喜捨を求める

　コーランのメッセージの基本は万人の平等である。コーランはまず、人々に貧者や孤児などへの喜捨を求める。「アッラーと最後の（審判の）日、天使たち、諸啓典と預言者たちを信じ、かれを愛するためにその財産を、近親、孤児、貧者、旅路にある者や物乞いや奴隷の解放のために費やし、礼拝の務めを守り、定めの喜捨を行い、約束した時はその約束を果たし、また困苦と逆境と非常時に際しては、よく耐え忍ぶ者。これらこそ真実な者であり、またこれらこそ主を畏れる者である」（二177）
「不当に孤児の財産を食い減らす者は、本当に腹の中に火を食らう者。かれらはやがて烈火に焼かれるであろう」（四10）

孤児や寡婦を社会的弱者の代表として、彼らを守れというのは、旧約聖書の預言者以来の伝統である。

女性の相続権は世界的に見ても画期的

アラブの部族社会は嬰児殺しを行なっていた。とくに女児が生まれると生き埋めにしてしまう。コーランはこれを忌まわしいこととして禁じた。「困窮するのを恐れて、あなたがたの子女を殺してはならない」（六151）

コーランは女性に相続権を与えた。これは世界的に見ても画期的である。ただし女性の権利は男性の半分だ。「男児には、女児の2人分と同額。もし女児のみ2人以上の時は遺産の3分の2を受ける。もし女児1人の時は、2分の1を受ける」（四11）。

そのかわり男性は女性を保護しなければならない。「男は女の擁護者（家長）である。それはアッラーが、一方を他よりも強くなされ、かれらが自分の財産から（扶養するため）、経費を出すためである」（四34）

男性を保護者とする世界観は、人生が圧倒的な自然との闘いや他部族・異民族との抗争に費やされていた時代にはリアリティがあっただろう。だが、都市化され個人主義化された今日の世界において妥当であるのか、常に問題とされるようになった。

女性の覆い

アジア各地にさまざまなものがあるが、
しばしば話題になるのは次のようなもの。

ヒジャーブ

最も一般的な頭髪を覆う布
（ヒジャーブとは「覆うもの」のこと）

チャードル

イランの全身を覆う
外出着

ニカーブ

目だけをスリット上に
見せる

ブルカ

アフガニスタン
などの覆い

コーランでは女性が慎み深い服装をすることが奨励されている。
どの程度覆うかは、むしろ地域の伝統による。近年になって
イスラム・アイデンティティの象徴として各層に着用者が広まる傾向がある。

スカーフ着用問題

フランスは政教分離の世俗主義（ライシテ）の原則をもつが、これがしばしばイスラム系市民の慣行との間にトラブルを起こしている。1989年には公立学校でのスカーフ（ヒジャーブ）着用の是非をめぐって論争が起きた。2010年には公共空間でのブルカの禁止が法制化された。

Islam 6

教典③

コーランは異教徒との戦争を積極的に勧めているのか？

歴史的な文脈を無視して読むのは誤解のもと

　　コーランの中には不信仰者との戦いを命じる文句がある。「アッラーも、終末の日をも信じない者たちと戦え」（九29）。「多神教徒」を見つけ次第殺すなり捕虜にするなりせよなどとも書かれているが（九5）、これはメディナのイスラム共同体がメッカの多神教徒クライシュ族の攻撃を受けているという歴史的文脈において読まれるものだ。

　聖書などにも戦争をけしかける文句があるが、教典のそのような個所を歴史的文脈を知らずに読むのは誤解のもとである。しかし、どの宗教においても、文脈を無視する読解は常に行なわれてきた。今日のイスラム過激派がまさにそうしている。過去の時代にも、イスラムは不信仰

者との戦いを積極的に求める宗教であると説かれていた。

古代・中世社会においては宗教は社会全体の慣行だったのであり、戦争が宗教によって正当化されるのも普通のことであった。とくにキリスト教諸国の十字軍はそうであった。

「侵略的であってはならない」

コーランの文脈では戦争はどのように捉えられているのか。しばしば強調されているのは、コーランの戦いは抑圧に抗する防衛戦だということである。

ムハンマドとその仲間は、メッカ市民から執拗な迫害を受けた。イスラム共同体存続のために防衛戦を行なわなければならなくなった。そこで神はこう告げる。「あなたがたに戦いを挑む者があれば、アッラーの道のために戦え。だが侵略的であってはならない。本当にアッラーは、侵略者を愛さない」（二190）

「アッラーの道のために戦え」という表現は誤解されやすいが、これは信仰の押し付けを意味するものではない。コーランの告げているのは、戦う以上は道義的に戦えということだ。

コーランは「宗教に強制があってはならない」（二256）と説いている。実際、歴史的にイスラム教徒の支配者は被征服民の改宗に消極的であった。

ジハード

「ジハード」＝神のための自己犠牲的な戦い

アッラーの道のために財産と生命を捧げて奮闘努力した者は、
アッラーの御許においては最高の位階にあり、至上の幸福を成就する（九20）

```
「ジハード」には二つの理解がある
         ↓                    ↓
     大ジハード            小ジハード
 信仰を深めるための       外界での努力としての
    内面的な努力            武力の戦い
                              ↓
```

戦いの条件

防衛戦であること　戦闘員と非戦闘員の区別
女性・子供・老人・聖職者を含む非戦闘員を殺してはならない
捕虜の拷問、女性・子供への性的暴力、敵の所有物の無意味な破壊は禁止

> 一種の戦時国際法

戦争観の変遷

```
コーラン時代    →  中世・十字軍時代  →  近代まで
メッカからの       不信仰者との         戦争に対する
攻撃に対する       積極的戦争           抑制的解釈
防衛戦                                      ↓
```

20世紀：過激主義の台頭（→198ページ）

不信仰者や支配者との積極的戦争を提唱。主流の意見ではない。

ムジャーヒディーン	ヒズボラ	ウサマ・ビン・ラーディン
アフガニスタン武装ゲリラ。解放戦争としてのジハードを正当化。	レバノンの組織。自爆テロを開始。	欧米とのジハードを提唱。

etc……

集団的規制のないままに個人が勝手にジハードを行なうようになる。

Islam 7

教典④

信仰の篤い人間は楽園へ行くという来世観

現世・終末・来世

現世（ドゥンヤー）はやがて終末を迎え、来世（アーヒラ）が来る。コーランには死者が終末までの間どこにいるのかの言及はないが、ともあれ、終末には人間は復活した身体をもって神に審判される。そして楽園（いわゆる天国）か火獄（いわゆる地獄）かへ振り分けられる。

楽園の肉感的な描写

コーランの来世の描写は肉感的であり、庶民風である。神の忠実な僕には「定めの恩恵があり、（喜ばしい）果実、そして栄誉が（授けられ）、至福の楽園の中で、寝床の上で向かい合う。清い泉からくんだ杯は、かれらにゆきわたり、真白（な美酒）は、飲む者には心地よい甘

さ。これは、頭痛を催さず、酔わせもしない」（三七41―47）。楽園には輝く大きな目の乙女がいる、真珠のような永遠の少年がいるなどとされる（四四54、七六19）。

不信仰者や罪ある信仰者は火獄に行くとされるが、キリスト教や仏教のような複雑な刑罰システムはどうやらないようで、罰はもっぱら炎に身を焼かれる苦しみである。それはあますところなく皮膚を焼く（七四28―29）。

来世は想像もつかない異質な時空間

こうした描写は現世の感覚に訴えるものであるが、終末や来世は本質的には現世からは想像もつかない異質な時空間であるといわれている。

コーランの教えは、個性を発揮して競争に勝って自己実現せよという現代的な積極思考とは無縁である。イスラム教徒は、神の御心にかなう者となって霊的次元における清涼なる楽園に達することをめざし、日々五回の礼拝を捧げ続けるのだ。究極目標は平安である。楽園における最大の報酬は神を見ることだ。神を仰ぎ見るとき、人々の顔は輝く（七五22―23）。

イスラムの通過儀礼

命名式（生後7日目）

赤ん坊の右耳に信仰告白の言葉を唱える。

> アッラー以外に神はなし。
> ムハンマドはアッラーの使徒である

↓

男児の割礼（12歳頃まで）

コーランには記述がないが、
ハディースに基づいて広く行なわれている。
一部の法学派では義務。
（一部の地域では女児の割礼も行なわれてきた）

↓

結婚

> 伝統的には1人の男性が4人までの女性を妻にすることが許されている。これはイスラム史初期における戦闘による男性の死亡に対する寡婦と孤児への対策であったとも言われている。

男女が契約によって夫婦になる結婚が推奨されている。

↓

メッカ巡礼

財産・肉体的に可能であれば（→207ページ）

↓

葬儀

葬式は質素で迅速である。
遺体は湯灌され、白い綿布で包まれ、
土葬される（火葬はしない）。
墓も簡素。遺体はあおむけか
右わき腹を下にして
顔をメッカ側に向ける。

Islam 8

イスラムの歴史①
イスラム帝国の発展と宗派分裂

正統カリフ時代

632年に預言者ムハンマドが没した後、イスラム共同体(ウンマ)は彼の後継者としてカリフ(ハリーファ)をいただくようになった。初代アブー・バクル、二代目ウマル、三代目ウスマーン、四代目アリーを「正統カリフ」と呼ぶ。彼らの時代にイスラム勢力の支配地は急速に拡張し、ササン朝ペルシャを滅ぼし、ビザンツ帝国から中東部分(シリアとエジプト)を獲得した。

カリフが世襲となったウマイヤ朝

だが、四代目カリフのアリーは、これを認めないウマイヤ家のムアーウィヤと争っている間に、その姿勢を妥協的とみる一派によって暗殺された。ムアーウィヤが次のカリフとなり、以後、カリフはウマイヤ家の世襲となった。この

ウマイヤ朝時代に、イスラム圏は西は北アフリカからイベリア半島まで、東はインド近辺、中央アジアへと広まった。ウマイヤ朝では、アラブ人が特権的な地位につき、非アラブ人が地租や人頭税を払うシステムをとった。

スンナ派とシーア派の二大宗派に分裂

アリーの暗殺をもたらした正統争いから、新たな宗派が生まれた。シーア・アリー（アリーの党派）はウマイヤ朝を認めず、アリーの子孫をイマーム（指導者）と認めるシーア派へと発展した。

イラン周辺に多いシーア派にはいくつかの分派がある。最大多数は十二イマーム派である。ウマイヤ朝を支持した多数派はスンナ派として今日に続いている。

アッバース朝

ウマイヤ朝はやがて倒され、預言者ムハンマドの叔父アッバースの血を引く一族が新たな帝国を築く（749年）。

アッバース朝ではイスラム教徒全体を平等に扱い、ただ異教徒には人頭税を納めさせた。そして土地税を全体に課した。また、アッバース朝時代にスンナ派のイスラム法体制が確立された。

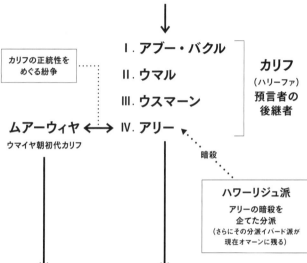

Islam 9

イスラムの歴史②
イスラム神秘主義（スーフィズム）の展開

自己の内面を探究して修行に励む

多数派スンナ派とイラン周辺に多いシーア派の二大宗派とは別に、9世紀以降、「イスラム神秘主義」などと訳されるスーフィズム（タサウウフ）という運動が展開した。

タサウウフとはスーフィーの営みを表す言葉であるが、スーフィーとは、イスラム法のような外面的な規定に飽き足らず、自己の内面を探究して修行に励む者たちのことだ。スーフィーの流派・教団のことをタリーカと呼ぶ。

スーフィズムは12世紀には民衆世界に広まり、知識人たちの間でも哲学的な神秘主義の思弁が開花するようになる。

政治性の目立つイスラム世界であるが、スーフィーたちの営みはキリスト教神秘主義者や仏教の瞑想的世界に通ずるものがあるようだ。神秘主義といっても、日常の倫理や法を超越する

ことばかりを目指しているのではなく、善き日常生活を送るためのガイドとならんとする側面ももっており、必ずしも密教的なものではないという。

インドへのイスラム浸透は
スーフィズムによるところが大きい

イスラムがアジア各地に定着していく上で、スーフィーたちの果たした役割は大きかった。彼らは生業としては商人として各地へ赴き、現地民の間で暮らし、修行を行なった。地元の習俗や文化を取り込んだ。

インドにイスラムが浸透したのも、スーフィーによるところが大きい。法学に精通した正統なウラマーよりも、スーフィーの教説のほうがはるかにインド人に受け入れやすかった。イスラム神秘主義とヒンドゥー教の主流哲学であるヴェーダーンタ学派に含まれる存在一元論との間には類似があると言われる。

なお、インドでは下層カーストに属する者たちが集団でイスラムに改宗していった。それはカーストの否定であるが、イスラム教徒の間にもかつてのカーストのもつ職業上、結婚上の制約が影を落としたという。

スーフィズム

スーフィーの修行の道
(マカーマート)

- 節制
- 悔悛
- 禁欲
- 忍耐
- 清貧
- 信頼
- 満足

スーフィーはコーランを誦し、礼拝や瞑想をし、
イスラム法を守る。

旋舞教団
(メヴレヴィー教団)

集団で旋舞するスーフィー教団

Islam 10

イスラムの歴史③
栄の中世から停滞の近代へ

**十字軍の侵略からモンゴル支配、
トルコとインドの帝国の繁栄**

　ユダヤ教、キリスト教、イスラム教の聖地エルサレムは、正統カリフ時代以来、イスラム王朝の支配下に入っていたが、11〜13世紀に西欧キリスト教徒の十字軍が「聖地奪還」の戦争を仕掛け、略奪と殺戮を行なった。十字軍は200年にわたって7回行なわれた。

　13世紀にはモンゴル人がアジア全体を横断する広大な帝国をつくった。彼らは宗教には寛容で、イスラム教徒が各地で活躍した。

　13世紀末にアナトリア（現トルコ地域）に誕生したトルコ系のオスマン朝は、スンナ派の帝国として中近東を広く支配するようになった。インドにはムガル朝が誕生した（16世紀）。

　ムガル朝とオスマン朝は1858年と1922年まで存続した。

ギリシャ・ローマの古典を継承した中世のイスラム哲学・科学の発展

ヨーロッパではギリシャ・ローマの古典的学芸の多くが失われていたが、イスラム世界では次々と再発見された。

アッバース朝の首都バグダッドで、種々の文献がアラビア語に訳された。優れた哲学者や科学者が輩出し、イスラム哲学やイスラム科学が発展した。

イスラムの文芸はやがて西欧においてもラテン語に訳されるようになり、キリスト教の神学やルネサンスの文芸の開花を準備した。

西欧に対して守勢に立たされた近代以降

近代になり経済、政治、社会組織の改革を進めた西欧諸国は、同時に軍事力による帝国的支配を世界中で展開するようになり、イスラム圏はすっかり守勢に立たされるようになった。

オスマン朝は18世紀にヨーロッパの制度を採り入れるようになり、各地でも改革が行なわれた。他方、アラビア半島では復古主義のワッハーブ派が勃興した。1932年にはワッハーブ主義の国家であるサウジアラビアが誕生した。

中東各地に誕生した国は欧米との複雑な関係の中で近代化を進めるが、政治体制は不安定な状態が続いている。

英語になったアラビア語

> 頻繁に登場する「アル」は定冠詞 the にあたる

アラビア語	英語
（アル）ジャブル al-jabr（代数学）	algebra（代数学）
シフル sifr（ゼロ）	zero（ゼロ）
（アル）フワーリズミー al-khuwarizmi（計算術の著者の名）	algorithm（アルゴリズム）
（アル）キーミヤー al-kimiya（錬金術）	alchemy（錬金術）；chemical（化学の）
（アル）クフル al-kuhl（粉末アンチモン）	alcohol（アルコール）
スワーダー suwwadah（植物の一種）	soda（ナトリウム化合物、炭酸水）
（アル）マナーフ al-manakh（暦）	almanac（暦、年鑑）
（アッ）タイール al-tair（飛ぶ鷲）	altair（アルタイル：鷲座の星）
（アッ）ザフル al-zahr（サイコロ）	hazard（危険）
マハーズィン makhazin（倉庫）	magazine（倉庫、弾倉、雑誌）
クトゥン qutun（綿）	cotton（綿）

イスラム古典期の著名な思想家

イブン・スィーナー（980-1037）	西洋にアヴィセンナの名で知られ、西洋哲学に多大な影響を与えた。
ガザーリー（1058-1111）	法学者でスンナ派成立に貢献。スーフィズムを取り入れた思想を展開。
イブン・ルシュド（1126-98）	アリストテレス哲学の注解書を書き、ユダヤ哲学とキリスト教哲学に影響を与える。西洋ではアヴェロエスの名で知られる。
スフラワルディー（1154-91）	万物を根源的一者「光の光」からの発出と捉える流出論を説く。
イブン・アラビー（1165-1240）	スーフィー思想家。神の自己開示による象徴として自然・精神現象を捉える。

Islam 11

イスラムの歴史④
1970年代以降、世界でイスラム復興の動きが目立つ

イスラム復興・イスラム主義・イスラム過激派

　　　1970年代以降、世界各地で政治的にも文化・社会運動的にも「イスラム復興」が目立つようになった。たとえば女性があえてヴェールをかぶってムスリム・アイデンティティを強調するといったものも含めて、イスラムの自意識が高まったのである。

　そうした動向の中でも、イスラムの理念に基づく国家の創成を目指す（とくにイスラム法を国民生活全般に適用しようとする）思想・運動を「イスラム主義」という。さらにその中でも、テロなど過激な方法をとる者たちを「イスラム過激派」などと呼んでいる。

　イスラムは宗教が世俗の事柄全般を覆う仕組みをもっており、宗教を個人の内面だけの問題

とは考えていないので、西欧型の政治や社会のシステムとの間に構造的な緊張がある。しかも西欧の帝国主義は民主主義や人権主義という建前とも乖離しているように思われ、政治的イスラム活性化への欲求は常にあるわけだ。

イスラム主義の流れ

イスラム主義の前史としては、預言者時代の共同体の復興をめざすワッハーブ運動やサラフィー主義の思潮が挙げられる。

20世紀にはエジプトにムスリム同胞団が創設され、国際的な影響力をもつようになった。

今日の世界的イスラム復興において大きな役割を果たしたのが1979年のイラン革命である。アメリカの支援を受ける王制が倒され、シーア派の法学者ホメイニの指導のもとに政教一致の国家をつくった。

急進的思想家として有名なのは、50年代に時のナセル政権から弾圧を受けたムスリム同胞団のイデオローグ、サイイド・クトゥブである。彼は今日のムスリムはイスラム以前の無明時代(ジャーヒリーヤ)の輩であると断じ、武装闘争を正当化した。

過激派はニュースになりやすいが、もちろん十数億の信者の大半は平和に暮らしている。現代をイスラムの「宗教改革」とそれに伴う混乱の時代と見なす論者もいる。

過激化するイスラム復興運動

ワッハーブ運動
(18世紀)
既成の学者の権威を否定し、後世の付加的信仰を排する。サウジアラビア（1932～）は建国時にワッハーブ運動と連携した。

サラフィー主義
イスラム初期時代への原点回帰運動。19世紀以降のイスラム復興において大きな役割を果たす。

ムスリム同胞団
(1928年～)
エジプトでバンナー（1906-49）により創設されたイスラム復興をめざす組織。50年代よりナセル政権から弾圧を受ける。急進的なサイイド・クトゥブの思想が以降の過激主義に影響を与える。

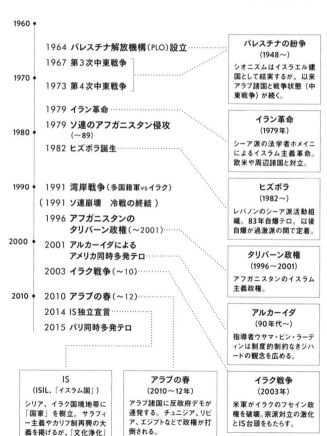

1960
1964 パレスチナ解放機構（PLO）設立
1967 第3次中東戦争
1970
1973 第4次中東戦争

1979 イラン革命
1979 ソ連のアフガニスタン侵攻（～89）
1980
1982 ヒズボラ誕生

1990
1991 湾岸戦争（多国籍軍vsイラク）
（1991 ソ連崩壊　冷戦の終結）
1996 アフガニスタンのタリバーン政権（～2001）
2000
2001 アルカーイダによるアメリカ同時多発テロ
2003 イラク戦争（～10）
2010
2010 アラブの春（～12）
2014 IS独立宣言
2015 パリ同時多発テロ

パレスチナの紛争
(1948～)
シオニズムはイスラエル建国として結実するが、以来アラブ諸国と戦争状態（中東戦争）が続く。

イラン革命
(1979年)
シーア派の法学者ホメイニによるイスラム主義革命。欧米や周辺諸国と対立。

ヒズボラ
(1982～)
レバノンのシーア派活動組織。83年自爆テロ。以後自爆が過激派の間で定着。

タリバーン政権
(1996～2001)
アフガニスタンのイスラム主義政権。

アルカーイダ
(90年代～)
指導者ウサマ・ビン・ラーディンは制度的制約なきジハードの観念を広める。

IS
(ISIL、「イスラム国」)
シリア、イラク国境地帯に「国家」を樹立。サラフィー主義やカリフ制再興の大義を掲げるが、「文化浄化」や虐殺などを行なう。

アラブの春
(2010～12年)
アラブ諸国に反政府デモが連発する。チュニジア、リビア、エジプトなどで政権が打倒される。

イラク戦争
(2003年)
米軍がイラクのフセイン政権を破壊。宗派対立の激化とIS台頭をもたらす。

Islam 12

救いのシステム①
信じることが義務とされる「六信」

　世界の宗教はさまざまな教理をもっており、非常に複雑であるが、信者が実際に何をするかといえば、基本的には単純である。神仏や開祖や教典を信じ、いくつかの基本的な戒を守り、行事を行なうことである。
　イスラムはこれを明確に整理しており、信じる項目については六信、実践すべき項目については五行としてまとめている。

六信

　六信とは、その存在を信じることが義務とされる六種の存在である。

①**唯一の神（アッラー）**。天地を創造した唯一絶対の神の存在を信じる。アッラーはアラビア語で唯一神のことであり、ユダヤ教やキリスト教の神と同じ存在を指す。

②**諸々の天使（マラーイカ）**。霊的な存在。預言者ムハンマドに神の言葉コーランを啓示したのは天使ガブリエル（ジブリール）であったとされる。

③**諸々の使徒（ルスル）**。預言者ムハンマドのみならず、ユダヤ教の預言者（アダム、ノア、モーセ、ダビデなど）やキリスト教の開祖イエス（イーサー）を含む。コーランを授かったムハンマドは最後の預言者であり、「預言者の封印」と呼ばれている。

④**諸々の啓典（クトゥブ）**。ムハンマドに啓示されたコーランのみならず、先行宗教の聖書（律法、詩編、福音書）も含む。ちなみに神の啓示の書をもつユダヤ教徒やキリスト教徒を「啓典の民」と呼ぶ。

⑤**来世（アーヒラ）**。現世が終わって神が「最後の審判」を下したあとに向かうべき楽園（天国）もしくは火獄（地獄）。もちろん生前の善行・悪行によって審判が下されるのだ。

⑥**定命(ていめい)（カダル）**。神の予定。人間の運命があらかじめ神によって決定されていること。とはいえ、法学においては、行動を起こした人間の意思や責任能力を問う。

イスラム教のシステム

コーラン
アッラーの啓示＝究極の典拠

現世
- 六信
  六つの信仰対象
  （→下図）
- 五行
  五つの義務的行為
  （→204ページ）
- イスラム法
  日常生活の規範
  （→210ページ）

↓

終末の審判（神の判定）
（→186ページ）

来世
- 楽園
- 火獄

六信

神（アッラー）	天使（マラーイカ）	使徒（ルスル）
唯一絶対の神の存在を信じる	霊的存在としての諸天使を信じる	ムハンマド、モーセ（ムーサー）やイエス（イーサー）など神の預言者を信じる

啓典（クトゥブ）	来世（アーヒラ）	定命（カダル）
コーランおよびユダヤ教・キリスト教の聖書など神の啓典を信じる	終末の審判ののちの楽園・火獄の存在を信じる	人間の運命を神が定めていることを信じる

Islam 13

救いのシステム②
イスラム教徒の実践項目「五行」

アッラーへの帰依者（ムスリム、イスラム教徒）が帰依者であるために、次の五つの具体的行為を実践することが求められている。これを五行あるいは五柱という。

①信仰告白（シャハーダ）。「ラー・イラーハ・イッラッラー（アッラー以外に神はない）」「ムハンマド・ラスールッラー（ムハンマドはアッラーの使徒である）」という二つの文言で神と預言者に対する態度を表明する。

②日に五度の礼拝（サラート）。未明、昼、日没前、日没後、夜の五回、メッカに向かって定められた作法で、できればみなといっしょに礼拝する。

③喜捨（ザカート）。自発的な喜捨とは別の、

財産（農産物、家畜、金品）に対して一定率で課せられる喜捨。喜捨されたものは貧者や困窮者などのために使われる。

④ラマダーンの断食（サウム）。イスラム暦の断食月（ラマダーン）の一か月間、成人男女が守るべき飲食と性に関する禁欲。禁止されるのは日中なので、日没後は断食をストップする。病者などは行なわなくてもいい。

⑤メッカへの巡礼（ハッジ）。巡礼月（ズー・アル・ヒッジャ）の上旬から中旬にかけて行なわれる。作法が定められている。なお、巡礼を行なうのは、行なう財力や体力が備わっている者だけである（→207ページ）。

　五行のそれぞれは他の宗教にも似たようなものがある。キリスト教でも信仰告白はするし、仏教では仏法僧への帰依を表明する。礼拝はキリスト教の祈りや聖餐式（ミサ）に相当するが、日に五度と頻度が高い。仏教的にいえば坐禅をくんだり読経したり念仏や題目を唱えたりするのに相当する。
　いずれにせよ、イスラム教のまとめ方はコンパクトだ。こうした儀礼を欠かしてはいけないが、苦行にしてもいけない。無理しないのがイスラムだといわれる。

五行

信仰告白
(シャハーダ)

「アッラー以外に神はなし」
「ムハンマドはアッラーの使徒である」

改宗に際して、この2つの言葉で神と預言者に対する態度を表明する。

日に五度の礼拝
(サラート)

毎日五回(未明、昼、日没前、日没後、夜)メッカに向かって、
定められた作法で、できれば皆といっしょに礼拝する。

喜捨
(ザカート)

財産(農産物、家畜、金品)に対して一定率で課せられる喜捨。
喜捨されたものは貧者や困窮者などのために使われる。

ラマダーンの断食
(サウム)

断食月(ラマダーン)の一か月間、日の出から日没までの間、
飲食と性に関する禁欲を保つ。病者などは免除される。

メッカ巡礼
(ハッジ)

巡礼月(ズー・アル・ヒッジャ)の上旬から中旬にかけて行なわれる。
財力や体力が備わっている者だけが行なえばよい(→207ページ)。

イスラム暦(ヒジュラ暦)

預言者ムハンマドのメディナ聖遷(西暦622年7月16日)を起点とする太陰暦
(1年の長さは354日あるいは355日。30年に11閏年がある)

1月	ムハッラム	7月	ラジャブ
2月	サファル	8月	シャアバーン
3月	ラビーウ・アウワル	9月	ラマダーン(断食月)
4月	ラビーウ・サーニー	10月	シャウワール
5月	ジュマーダー・ウーラー	11月	ズー・アル・カアダ
6月	ジュマーダー・アーヒラ	12月	ズー・アル・ヒッジャ(巡礼月)

Islam 14

救いのシステム ③
世界中から信者が メッカに集まる「巡礼」

メッカ巡礼のうちハッジ（大巡礼）と呼ばれるものは五行の一つである。ただし財力・体力可能な者だけが行なえばいい。ハッジはイスラム暦12月8〜10日に行なわれる。ハッジをすました人間をハージュ（男性）、ハージャ（女性）と呼ぶ。

巡礼者がしてはいけないこと

巡礼者は身を浄め、男性は継ぎ目のない白装束（イフラーム）を着て、髪を切る。女性は白装束もしくは各地の伝統衣装を着る。宝石類は身につけない。香水もしない。セックスはご法度であり、喧嘩など行なってはいけない。メッカにいる間は無垢な浄さを保つのだ。

カアバを七回まわる

巡礼者のお目当てはメッカの真ん中にあるカ

アバと呼ばれる立方体の小さな建物である。この建物は預言者ムハンマドが初めて神の啓示を受けた時代には、アラブの諸部族の神々を祀る神殿であった。その神々の偶像を打ち壊すことで、イスラムの象徴的中心となった。伝承では、カアバは太古にアブラハム（イブラーヒーム）が天使より授かった黒石を安置するために建てられたものということになっている。

　カアバは現在、聖モスクと呼ばれる大きな回廊状の建築物に囲まれている。8日、巡礼者は聖モスクに入ると、カアバの周りを反時計回りに七回回る。この儀礼をタワーフという。カアバの隅に嵌め込まれた黒石に接吻するか黒石に向かって神に祈る。
　聖モスクでは他にも行なうべきことがあるが、その中にはザムザムの泉（聖モスクの地下にある）の水を飲むというのも入っている。また、聖モスク内に取り込まれたサファーとマルワの小丘の間を七回行き来する。

　9日にはメッカ郊外のアラファの地で罪を悔い改めて神に祈る。10日にはミナーの地で悪魔の石柱に小石を投げつけ、動物の供犠を行なう。

ハッジ（メッカ大巡礼）

8日 ……… **タワーフ**

聖モスク中のカアバの周りを7回めぐる

> イスラム暦
> 12月

カアバは石造の
立方体の建物。
黒い布で
覆われている。

ザムザムの泉の水を飲む
サファーとマルワの間を7回行き来する

9日 ……… **アラファで神に祈る**

10日 ……… **ミナーで悪魔の石柱に小石を投げる
犠牲を捧げる**

イフラーム
（白装束）を着用する

聖モスクとカアバ

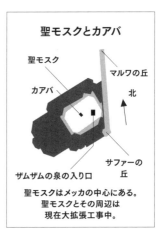

聖モスク
マルワの丘
カアバ
北
サファーの丘
ザムザムの泉の入り口

聖モスクはメッカの中心にある。
聖モスクとその周辺は
現在大拡張工事中。

イスラム教｜ISLAM｜14. 世界中から信者がメッカに集まる「巡礼」

Islam 15

救いのシステム④
行動指針を五段階で示すイスラム法

**砂漠の水場への道を本来意味した
「シャリーア」(イスラム法)**

　イスラム法と訳されるシャリーアとは、本来、砂漠の水場への道を意味する。さまざまな疑問やトラブルに満ちた人生砂漠における水場、つまり平和でみなが憩える暮らしに向かうためのガイドがシャリーアだということだ。

　預言者ムハンマドは神の言葉を告げることで、共同体の指針を提供した。ムハンマド亡き後は、信者は神の言葉を集めたコーラン（クルアーン）を指針とすればいい。

　とはいえ、コーランに書かれていることには限りがあるし、何かを禁じているのかどうか解釈がゆれる場合もある。結局、行動指針としては、コーラン、ムハンマドの言行（スンナ）、法学者たちの共同体の合意（イジュマー）、そして法学者の類推（キヤース）という四つを法

源として法体系が編まれることになった。

イスラムの多数派であるスンナ派には、ハナフィー、マーリク、シャーフィイー、ハンバルの四学派がある。シーア派の場合には共同体の合意や類推よりも最高指導者としてのイマームの裁定が大事であるとされる。

なお、法的な問題が生じたとき、法学者が示した判断をファトワーといい、ファトワーを出す法学者をムフティーという。

「必ず行なう」から「行なってはいけない」まで五段階で示される

イスラム法における判断は、義務（ワージブ）、推奨（マンドゥーブ）、許容（ムバーフ）、忌避（マクルーフ）、禁止（ハラーム）の五段階で示される。たとえば礼拝などは義務であり、窃盗などは禁止である。

ちなみに日常生活で大きな意味をもつ食品の規定であるが、イスラム法的に許容された食品（とくに肉製品）は「ハラール」と呼ばれる。豚肉などはハラーム（禁止）であるが、定められた手順で殺された肉以外はやはりハラームである。

イスラム法（シャリーア）の5つの範疇

・**義務行為** （ワージブ）	必ず行なう	礼拝、断食、契約履行、配偶者の扶養、ジハードなど
・**推奨行為** （マンドゥーブ）	行なうのがよい	自発的な財産寄進、結婚など
・**許容行為** （ムバーフ）	行なうか否かは自由	飲食、売買など
・**忌避行為** （マクルーフ）	行なわないのがよい	離婚、中絶など
・**禁止行為** （ハラーム）	行なってはいけない	殺人、窃盗、姦通、豚肉食、偶像崇拝など

食品 ハラームとハラール

ハラーム
（禁止行為）

⟷

ハラール
（許容されたもの）

死肉、豚肉、
偶像に捧げられた
動物の肉、血など

イスラム法的に
合法である食品

> 日本語では
> 紛らわしいが
> ハラール(halal)は
> 許容で、
> ハラーム(haram)は
> 禁止!

豚肉以外でもアッラーの名において
定められた方法で
処理された肉でなければ禁止である。

column 映画の中の宗教

『ザ・メッセージ』

　偶像崇拝禁止なるがゆえに、宗教を映像作品にするなどとても考えられそうにないイスラム世界にも、意外なことに預言者ムハンマドの生涯を描いた映画がある。ムスタファ・アッカド監督作品の『ザ・メッセージ』（1976年）である。制作国はサウジアラビア他のいくつかのイスラム諸国とアメリカであり、ハリウッドのキリスト映画と同水準の仕上がりだ。俳優もアンソニー・クインなど国際的な名優を用いている。

　アメリカは60年代まで黒人を完全には平等に扱っておらず、ベトナム戦争とともにそれがアメリカの威信を傷つけ、対抗文化の隆盛や人権意識の高まりをもたらした。そうした時代の流れの中で、イスラム教はそもそも人類の平等を謳い上げる宗教であるということが、西欧諸国への新しい「メッセージ」となった。監督は作品を通じてイスラム世界と西洋との橋渡しをしたいと希望を述べている。

　映画でも、イスラムのメッセージにより奴隷の身分から解放され、礼拝の呼びかけ（アザーン）を行なうムアッズィンとなった黒人の男性を重要な登場人物としている。

　預言者ムハンマド自身は、さすがにじかには描かれていない。周囲の人間の目線により存在だけが示される。興味深いのは異教時代のカアバが描かれていることだ。薄暗い内部には無数の異教の偶像が並んでいる。

参考文献

＊本書で参考にした、また今後の読書の参考になる本。
引用した教典などは含まない。

- 中村圭志『教養としての宗教入門』（中央公論新社）
- 中村圭志『教養としてよむ世界の教典』（三省堂）
- フィリップ・ウィルキンソン著、島田裕巳監訳、秋山淑子・高崎恵・富永和子訳『ビジュアルではじめてわかる宗教』（東京書籍）
- ドーリング・キンダースリー社編、島薗進・中村圭志監修、豊島実和訳『宗教学大図鑑』（三省堂）
- 塩尻和子・津城寛文・吉永千鶴子監修『一冊でわかる　イラストでわかる　図解宗教史』（成美堂出版）
- 山折哲雄監修『世界宗教大事典』（平凡社）
- 『宗教の世界史』（山川出版社、全12巻）
- ミルチア・エリアーデ編著『世界宗教史』（ちくま学芸文庫、全8巻）
- ニニアン・スマート編、山折哲雄監修、武井摩利訳『ビジュアル版　世界宗教地図』（東洋書林）
- 岡田典夫・小澤浩・櫻井義秀・島薗進・中村圭志『はじめて学ぶ宗教』（有斐閣）
- 石井研二『プレステップ　宗教学』（弘文堂）
- 井上順孝・月本昭男・星野英紀編『宗教学を学ぶ』（有斐閣選書）
- 島薗進・葛西賢太・福嶋信吉・藤原聖子編『宗教学キーワード』（有斐閣双書）
- 小口偉一・堀一郎監修『宗教学事典』（東京大学出版会）
- 中村元・福永光司・田村芳朗・今野達・末木文美士編『岩波　仏教辞典』（岩波書店）
- 橋本泰元・宮本久義・山下博司『ヒンドゥー教の事典』（東京堂出版）
- 吉見崇一『ユダヤ教小辞典』（LITHON）
- 大貫隆・名取四郎・宮本久雄・百瀬文晃編『岩波　キリスト教辞典』（岩波書店）
- 大塚和夫・小杉泰・小松久男・東長靖・羽田正・山内昌之編『岩波　イスラーム辞典』（岩波書店）
- 小野泰博・下出積與・椙山林継・鈴木範久・薗田稔・奈良康明・尾藤正英・藤井正雄・宮家準・宮田登編『日本宗教事典』（弘文堂）
- 國學院大學日本文化研究所編『神道事典』（弘文堂）
- 井上順孝・孝本貢・対馬路人・中牧弘允・西山茂編『新宗教事典』（弘文堂）
- 井上順孝編『現代宗教事典』（弘文堂）

写真出典

bridgemanimages/amanaimages
Photoshot/amanaimages
ZUMAPRESS/amanaimages
SIPA/amanaimages
UPI/amanaimages
Polaris/amanaimages
imageBROKER/amanaimages
superstock/amanaimages
The Granger Collection/amanaimages

ビジネスパーソンのための
教養としての世界3大宗教

発行日　2019年　2月28日　第1刷

Author	中村圭志
Book Designer	新井大輔　中島里夏（装幀新井）
Publication	株式会社ディスカヴァー・トゥエンティワン
	〒102-0093　東京都千代田区平河町2-16-1　平河町森タワー11F
	TEL 03-3237-8321（代表）　03-3237-8345（営業）　FAX 03-3237-8323
	http://www.d21.co.jp
Publisher	干場弓子
Editor	藤田浩芳
Marketing Group Staff	清水達也　小田孝文　井筒浩　千葉潤子　飯田智樹　佐藤昌幸
	谷口奈緒美　古矢薫　蛯原昇　安永智洋　鍋田匠伴　榊原僚
	佐竹祐哉　廣内悠理　梅本翔太　田中姫菜　橋本莉奈　川島理
	庄司知世　谷中卓　小木曽礼丈　越野志絵良　佐々木玲奈　高橋雛乃
Productive Group Staff	千葉正幸　原典宏　林秀樹　三谷祐一　大山聡子　大竹朝子
	堀部直人　林拓馬　松石悠　木下智尋　渡辺基志
Digital Group Staff	松原史与志　中澤泰宏　西川なつか　伊東佑真　牧野類
	倉田華　伊藤光太郎　高良彰子　佐藤淳基
Global & Public Relations Group Staff	郭迪　田中亜紀　杉田彰子　奥田千晶　連苑如　施華琴
Operations & Accounting Group Staff	山中麻吏　小関勝則　小田木もも　池田望　福永友紀
Assistant Staff	俵敬子　町田加奈子　丸山香織　井澤徳子　藤井多穂子　藤井かおり
	葛目美枝子　伊藤香　鈴木洋子　石橋佐知子　伊藤由美　畑野衣見
	井上竜之介　斎藤悠人　宮崎陽子　並木楓　三角真穂
Proofreader	文字工房燦光
DTP	小林祐司
Printing	共同印刷株式会社

- 定価はカバーに表示してあります。本書の無断転載・複写は、著作権法上での例外を除き禁じられています。インターネット、モバイル等の電子メディアにおける無断転載ならびに第三者によるスキャンやデジタル化もこれに準じます。
- 乱丁・落丁本はお取り替えいたしますので、小社「不良品交換係」まで着払いにてお送りください。
- 本書へのご意見ご感想は下記からご送信いただけます。
  http://www.d21.co.jp/contact/personal

ISBN978-4-7993-2432-5　©Keishi Nakamura, 2019, Printed in Japan.